ERFOLGREICH DURCH STRATEGISCHE POSITIONIERUNG

Eine praktische Anleitung am Beispiel der Fitnesscenter

von

Dr. Marcel Scheucher

Autor: Dr. Marcel Andreas Scheucher

Herstellung & Druck : tredition GmbH, Halenreie 40-44, 22359 Hamburg

ISBN Paperback : 978-3-033-07972-4
ISBN e-Book : 978-3-033-07973-1

Bibliografische Information der Deutschen Nationalbibliothek:
Die Deutsche Nationalbibliothek verzeichnet diese Publikation in der Deutschen Nationalbibliografie; detaillierte bibliografische Daten sind im Internet über http://dnb.d-nb.de abrufbar.

Inhaltsverzeichnis

Über den Autor

Dr. Marcel Scheucher – Unternehmer, Dozent und Autor – hat 2004 bis 2019 seine Unternehmensgruppe bestehend aus mehreren Fitnesscentern in der Schweiz aufgebaut und strategisch sowie operativ geführt.
Berufsbegleitend hat er ein Forschungsdoktorat in Betriebswirtschaft & Management bestritten und in seiner Dissertation mit dem Thema «Entwicklung und Führung von Nischenstrategien als Abgrenzung zu Billiganbietern» ein Modell kreiert, das kleinen und mittelständischen Betrieben aber auch grösseren Qualitätsanbietern im hohen Preissegment die Möglichkeiten aufzeigt, sich im Wettbewerb erfolgreich zu positionieren.

Als Unternehmer kennt er die Herausforderungen auf Führungsebene sowie die Erwartungen an das Management hinsichtlich strategischer Planung und der Umsetzung entsprechender Massnahmen. Mit diesem Buch möchte er sein theoretisches Wissen und seine praktische Erfahrung an alle Entscheidungsträger weitergeben, damit auch sie dem strukturellen Wandel und dem Verdrängungswettbewerb in der Dienstleistungsbranche erfolgreich und nachhaltig bestehen.

Danksagung

Ein herzlicher Dank geht an alle, die mich beim Schreiben des vorliegenden Buches begleitet haben.

Besonders bedanken möchte ich mich bei meiner Ehefrau Alyona und Tochter Sophia, die viel Verständnis für meine Mehrfachbelastung zeigten.

Vielen Dank auch an meinen Geschäftspartner, Dr. jur. Adriano Toma, sowie den Kollegen und Experten aus der Fitnessbranche in der Schweiz und in Deutschland, welche mich dazu motivierten, meine Erfahrungen festzuhalten und dieses Buch zu schreiben.

Dem Herausgeber des Fachmagazins FITNESS TRIBUNE, Roger Gestach, danke ich für die stets angenehme Zusammenarbeit und das immer aktuelle und hochwertige Magazin.

Auch den Schweizer Fitness- und Gesundheitscenterverband (SFGV) sowie der Arbeitgeberverband deutscher Fitness- und Gesundheits-Anlagen (DSSV) möchte ich an dieser Stelle erwähnen. Sie haben wertvolle Quellen erstellt und mit ihrem Engagement massgeblich dazu beigetragen, dass der Fitnesssport heute einen so hohen Stellenwert in der Gesellschaft einnimmt.

1 Einleitung

Veränderungen sind in jeder Branche ein Zeichen für Entwicklung. Betrachtet man die Entwicklung einer Branche als Prozess, gleicht sie einem Lebenszyklus. In diesem Branchenzyklus finden über bestimmte Zeiträume hinweg Substitutionsprozesse statt, die von der Innovation in einem Bereich zu dem Zeitpunkt führen, an dem sich das System überlebt hat und sich wieder neu orientierten muss. Die Fitnessbranche befindet sich derzeit in solch einem Prozess der Neuorientierung, weshalb in diesem Buch ein Fallbeispiel mit einem Unternehmen aus dieser Branche exemplarisch für alle Unternehmen mit Serviceleistungen angewendet wird.

Das Buch eignet sich sowohl für Branchenkenner sowie für Neueinsteiger. Unter dem Begriff «Neueinsteiger» verstehe ich alle, die sich mit einem Fitness- und Gesundheitscenter oder einem ähnlichen Dienstleistungsbetrieb selbständig machen. Aber auch für branchenfremde Investoren, welche beabsichtigen in einen Wachstumsmarkt zu investieren, können dieses Buch als Orientierungshilfe heranziehen, um die Potentiale und Erfolgsaussichten zu ermitteln. Unter der Bezeichnung «Fortgeschrittene» fasse ich all jene zusammen, welche Eigentümer eines Fitness- und Gesundheitscenters oder eines ähnlichen Betriebs in der Dienstleistungsbranche sind oder eine Führungsposition eines solchen Unternehmens besetzen. Sie haben entweder zu diesem Buch gegriffen, weil sie ihren Betrieb jetzt neu ausrichten wollen oder weil sie ihre bisherige strategische Positionierung verbessern möchten.

Die in diesem Buch illustrierten Informationen und Anleitungen, Beispiele und Modelle ergeben sich aus Recherchen der Fachliteratur und Presse, aus wissenschaftlicher Literatur und praktischer Umsetzung des Autors in seinen Dienstleistungsunternehmen.

Um eine strategische Positionierung mithilfe dieses Buchs zu erarbeiten, bedarf es keiner fundierter betriebswirtschaftlichen Kenntnisse. Die Voraussetzungen werden im Kapitel 2 «Grundlagen der Strategieentwicklung» geschaffen. Anhand dieser

Kenntnisse ist es anschliessend möglich, das eigene Unternehmen zu analysieren, die Zielgruppe einzugrenzen oder neu zu definieren sowie eine passende Strategie auszuarbeiten.

Für viele Branchen haben sich die Neuerungen, die durch die weite Verbreitung des Internets eingetreten sind, als ein Signal für eine Umorientierung erwiesen. Das Stichwort «Industrie 4.0» steht dabei besonders in der herstellenden Industrie stellvertretend für diese Entwicklung. Die Annahme, dass sich eine Branche, die auf die körperliche Betätigung ihrer Kunden abzielt, von diesem Trend nur peripher betroffen sei, ist irrig. Die Digitalisierung hat über Ernährungs- und Fitness-Apps auch in diesem Bereich Einzug gehalten. Das über das Internet verbreitete «Bodychange»-Programm bietet beispielsweise Fitnesstipps für 4 Euro die Woche.

In ähnlicher Weise verbreiten sich die Angebote von Discountern und grossen Ketten in der Branche. Migros hat mit seinen Fitnessangeboten in der Schweiz bereits einen Marktanteil von 18 Prozent erreicht. Durch diese Trends wird es Unternehmen, die nicht normierte Franchise-Nehmer sind oder unpersönlichen Service per Video anbieten, schwer gemacht, gegen die Konkurrenz zu bestehen.

Viele Fragen, denen sich nicht nur die Betreiber kleiner Fitnessstudios in den nächsten Jahren stellen müssen. Auch Anbieter anderer Serviceleistungen, die personenbezogen und individuell sind, müssen mit diesen Problemen umgehen. Das gilt ebenso für Anwälte und Ärzte, sowie für Coaches und viele andere Berufsgruppen. Aus diesem Grund hat der Autor mit seinem kompakten Werk darauf abgezielt, ein Modell zu liefern, das nicht nur für Fitnessstudios, sondern branchenübergreifend Serviceanbietern eine Strategie liefert, mit der sie den Angeboten der Discounter substantiell etwas entgegenzusetzen haben.

1 Einleitung

1.1 Aufbau des Buches

Der pragmatische Ansatz des Autors legt es nahe, mit einem Fallbeispiel aus der Fitnessbranche zu arbeiten. Diese Arbeit beschäftigt sich daher mit einem Fitnessunternehmen aus der Schweiz.

Am Fallbeispiel eines Unternehmens werden in diesem Fachbuch exemplarisch Wettbewerbsstrategien entwickelt. Der Fokus bei der Entwicklung liegt auf der Abgrenzung zu Discount-Anbietern. Das Unternehmen aus dem Fallbeispiel ist dazu geeignet, da es über sechs Niederlassungen verfügt und zudem bereits ein Studio mit einer speziellen Positionierung aufweist, wodurch Annahmen zur Positionierung überprüft werden konnten.

Anschliessend wird aufgezeigt, wie sich eine Wettbewerbsstrategie auf die Geschäftseinheiten mittels einer passenden Führungsstrategie übertragen lässt. Damit ergeben sich zwei Kernthemen: einmal die Entwicklung von Wettbewerbsstrategien und zum anderen die Führung in Rahmen einer solchen Strategie. Die Erkenntnisse sind für Einzelanbieter in der Fitnessbranche von Interesse, da sich aus den aktuellen Publikationen eine allgemeine Problemstellung erkennen lässt. Die Behauptung von Preisen ist dabei ein entscheidendes Kriterium, da in der Schweiz die höchsten Beiträge gezahlt werden.

In diesem Buch wird daher folgende Fragestellung bearbeitet:

- Welche Strategien können «hochpreisige» Anbieter mit Qualitätsanspruch nutzen, um sich von Discount-Anbietern abzugrenzen?
- Wie können die Anbieter diese Wettbewerbsstrategie führen und den Erfolg prüfen?

So wird in Bezug auf das Unternehmen aus dem Fallbeispiel eine allgemein gültige Strategie für Serviceunternehmen gefunden, die es Dienstleistungsunternehmen mit hohem Qualitätsanspruch ermöglicht, gegen Discounter zu bestehen. Dafür wird in fünf Schritten vorgegangen.

SCHRITT 1: Formulierung einer geeigneten Strategie

Dazu werden u.a. die Erkenntnisse von Porter (1980) herangezogen, der u. a. die Nutzung einer Nische als Wettbewerbsvorteil definiert. Zur Findung der Nische oder einer anderen geeigneten Methode muss der Bedarf bzw. der Markt bekannt sein. Auch geht es darum zu entscheiden, in welche Richtung das Unternehmen gehen soll und darum, langfristige Ziele zu setzen.

Dazu wird aufgrund unseres Fallbeispiels einerseits eine Analyse des Schweizer Markts für Fitnessstudios erstellt (Marktanalyse) und anderseits mittels SWOT-Analyse eine Situationsanalyse des Unternehmens vorgenommen.

SCHRITT 2: Analyse & Definition der Zielgruppe

Der gefundene mögliche Wettbewerbsvorteil muss realisierbar sein. Die Definition einer passenden Zielgruppe muss zeigen, ob die Strategie umsetzbar ist. Die Definition und Analyse der Zielgruppe geschieht anhand Kundendaten des Unternehmens und einer Kundenbefragung.

Die spezifischen Bedürfnisse und Problemstellung der Zielgruppe sollen mit den vorhandenen Fähigkeiten, Ressourcen und Kernkompetenzen, welche in Schritt 1 (Vgl. SWOT- Analyse) ermittelt wurden, erfüllt und gelöst werden.

SCHRITT 3: Entwurf der Strategie

Das Unternehmen definiert die Leistungsmerkmale, Servicequalität und Kundenorientierung sowie Alleinstellungsmerkmale (USP) und erstellt einen Entwurf der neuen Wettbewerbsstrategie mit hohem Kundennutzen zu Premiumpreisen.

SCHRITT 4: Umsetzung der Strategie

Die Massnahmen rund um das neue oder veränderte Nutzenversprechen werden umgesetzt und die Servicedienstleistungen und Preise werden mittels geeigneter Kommunikation eingeführt.

Die Zielgruppe muss von dem Konzept überzeugt werden, um sie zu loyalen Kunden zu machen und so nachhaltig wirtschaften zu können. Passende Massnahmen des Marketings sind zu finden und einzusetzen. Hier wird es um die Darstellung eines Kommunikationskonzepts unter Zuhilfenahme von Neuro-Linguistischem Programmieren (NLP) gehen. Um die einzelnen Massnahmen besser zu erläutern, werden diese oft in Zusammenhang mit dem Fallbeispiel des Unternehmens aus der Fitnessbranche gebracht. Diese lassen sich aber problemlos für jedes Dienstleistungsunternehmen adaptieren und umsetzen.

SCHRITT 5: Prüfung des Erfolgs

Der Erfolg des Konzepts muss wirtschaftlich messbar sein. Darüber wird die Analyse der relevanten Kennzahlen in Porters Wertkette Auskunft geben. Die Akzeptanz durch die Kundschaft muss überprüft werden. Dazu wird eine zweite Umfrage unter den Kunden des Unternehmens durchgeführt. Für die beiden Kundenbefragungen wird im Anhang dieses Buches ein Fragebogen zur Verfügung gestellt, der aufgrund der Bedürfnisse und Eigenschaften des jeweiligen Unternehmens individualisiert werden soll.

Die gewonnenen Ergebnisse können als Zahlen ausgedrückt verwendet werden, um durch eine einfache Korrelationsanalyse Zusammenhänge darzustellen. Dadurch ist es möglich, Zusammenhänge in verschiedenen Variationen mit unterschiedlich ausgestatteten Variablen darzustellen und zu überprüfen. Die Verlässlichkeit dieser Methoden ist gewährleistet, wenn eine genügend grosse Anzahl von ausgefüllten Fragebögen vorliegt.

2 Grundlagen der Strategieentwicklung

2.1 Wettbewerbsvorteile

Eine Strategie ist nach Porter (1999) wie folgt definiert: «Eine Strategie dient der Schaffung einer einzigartigen und wertvollen Position, die auf differenzierten Aktivitäten beruht.» Die strategische Positionierung ergibt sich aus den Dienstleistungen, die ein Unternehmen anbietet, um sich von denen der Konkurrenz abzusetzen. Die strategische Positionierung bedeutet aber auch, eine Wahl zu treffen, denn die Aufrechterhaltung von unterschiedlichen Positionierungen kann zum einen die Kosten erhöhen und führt zu Widersprüchen, die von Kunden wahrgenommen werden. Damit kann die Verfolgung von unterschiedlichen Positionierungen den Erfolg einer Strategie begrenzen. Die Strategie nach Porter richtet sich auf die Individualisierung der Leistung aus.

Die Strategieentwicklung ergibt sich aus der strategischen Analyse, die eine Umweltanalyse, eine Umfeldanalyse und die Bewertung der strategischen Ausgangslage einschliesst. In die Strategieentwicklung fliesst auch die Vision bzw. das Leitbild des Unternehmens mit ein. Oft wird die operative Effektivität für eine Strategie gehalten und es werden daher möglichst die Kosten gesenkt. Die Gewinnung von Effizienz wird als Mittel gegen Wettbewerbs- und Marktveränderungen gesehen. In der Fitnessbranche wird wie in vielen anderen Branchen, um Mitgliederzahlen gekämpft, um die Studios produktiver zu machen. Gleichzeitig wird die Verbesserung der Qualität angestrebt. Operative Effektivität bedeutet jedoch nur, dass ähnliche Aktivitäten besser ausgeführt werden als von Konkurrenten. Im Gegensatz dazu bedeutet strategische Positionierung, andere Aktivitäten als die Konkurrenz durchzuführen oder die Durchführung auf eine andere Art und Weise zu gestalten. Die Problematik bei der Konzentration auf operative Effektivität besteht darin, dass die Massnahmen zur Verbesserung vom Wettbewerb leicht kopiert werden können.

Für den Wettbewerb ist es kein Problem Managementtechniken, neue Technologien, Verbesserungen von Prozessen und Innovationen die Kundenbedürfnisse besser erfüllen, nachzuahmen. Damit setzt der Kampf um operative Effektivität eine Wettbewerbsspirale in Gang, die eine permanente Verbesserung und Optimierung verlangt. Dadurch erlangt das Dienstleistungsniveau insgesamt eine höhere Qualität, wovon aber hauptsächlich Kunden und Lieferanten profitieren. Die Branche erzielt dadurch nicht mehr Gewinne und erwirtschaftet auch nicht höhere Margen.

Der zweite Effekt, der durch diese Strategie entsteht, ist eine Konvergenz des Wettbewerbs. Bei Arbeit an der operativen Effektivität und durch Benchmarking werden die Aktivitäten der Unternehmen generischer. Die Nachahmer und die Vorreiter verfolgen dieselbe oder eine ähnliche Strategie. Dies führt im Laufe der Zeit dazu, dass der Wettbewerb destruktiv ist, da die Strategien nur auf operativer Wirksamkeit beruhen. Daraus folgt, dass eine Wettbewerbsstrategie daraus bestehen muss, dass ein Unternehmen etwas anders macht, diese Aktivitäten bewusst wählt und so für den Kunden einen einzigartigen Wert stiftet.

2.2 Dienstleistung

Porter stellt zwei Definitionen an den Anfang seiner Diskussion der Differenzierung. Zum einen schreibt er: «Ein Unternehmen differenziert sich gegenüber seinen Konkurrenten, wenn es etwas bietet, das für den Käufer über einen blossen niedrigeren Preis hinaus Wert besitzt.» Ausserdem stellt er fest: «Ein Unternehmen hebt sich von seinen Konkurrenten ab, wenn es in etwas, das für die Abnehmer wertvoll ist, einmalig sein kann.»

Dies ist der Kern der Aussage, der auch für die strategische Aufstellung im Bereich der Fitnessstudios und anderer Dienstleister von Bedeutung ist: Die Unternehmen müssen einen Mehrwert für den Kunden produzieren, den diese woanders nicht bekommen.

Dabei ist es sehr wichtig sich zu vergegenwärtigen, dass nicht das Unternehmen als Ganzes für die Einmaligkeit des Produkts in die Verantwortung genommen wird. Die Einmaligkeit und der Wert eines Angebots entspringen einer Tätigkeit oder mehrerer einzelner Tätigkeiten des Unternehmens. Es ist also die gesamte Wertkette, die im Zusammenwirken der verschiedenen Tätigkeiten einen Mehrwert verspricht.

Diese Vorstellung kann vielleicht am besten durch einen Blick auf das Geschäftsgeheimnis von Antonio Stradivari verdeutlicht werden. Der legendäre Klang eines Instruments des berühmten Geigenbauers Stradivari stammt nicht aus einer spezifischen Quelle, sondern aus mehreren. So führen manche «den ausserordentlichen Klang auf eine hauchdünne Grundierung unter der rötlichen Lackschicht zurück. Die anderen machen Holzschutzmittel, die Antonio Stradivari verwendete, oder das sorgsam ausgewählte Fichtenholz für den besonderen Sound verantwortlich.» In jedem Fall entstand der legendäre Klang aus dem Zusammenspiel verschiedener Tätigkeiten, so wie es auch in einem erfolgreichen Unternehmen sein sollte. So kann aus der Verknüpfung der Tätigkeiten innerhalb der Wertkette Einmaligkeit entstehen. Die Verknüpfung mit Lieferanten und / oder Vertriebskanälen kann ebenso zu einer Einmaligkeit eines Produkts führen.

Während ein Unternehmen beispielsweise danach strebt, einmalig guten Stahl herzustellen, ist ein anderes vielleicht an genau diesem Stahl interessiert, um die Einmaligkeit seiner Produkte zu gewährleisten. Daher ist es wichtig, die Wertkette des Abnehmers zu kennen, um so einen Mehrwert schaffen zu können, für den der Abnehmer einen höheren Preis zu zahlen bereit ist. Ganz generell gesehen kann ein Unternehmen auf zwei Arten einen Wert bzw. einen Mehrwert für den Abnehmer schaffen. Dies geschieht durch die Verringerung der Kosten des Abnehmers und die Steigerung der Energie des Abnehmers.

Die deutsche Übersetzung des Textes verwendet den Begriff «Leistung», während es im Bereich der Dienstleistungen, die der Gesundheit des Kunden dienen, der Begriff «Energie» angemessener zu sein scheint. Beide Begriffe bezeichnen dieselbe Idee, die

Porter wie folgt umreisst: «[Energie]steigerung […] bedeutet bei Verbrauchern höhere Zufriedenheit oder Befriedigung ihrer Bedürfnisse. […] Status oder Prestige sind ebenso wichtige Bedürfnisse wie die Attribute eines Produkts oder dessen Qualität. Es mag zwar schwer sein, die [Energie] bei Verbrauchern zu bewerten, aber anhand der Wertketten lassen sich die wichtigsten Dimensionen ihrer Zufriedenheit erkennen.»

Die sich aus einer solchen Sichtweise ergebenden Verknüpfungen ermöglichen es, in der eigenen Wertkette genau dort Schwerpunkte zu setzen oder Verbesserungen zu veranlassen, wo Tätigkeiten stattfinden, welche die Wertkette des Verbrauchers beeinflussen. Die folgende Illustration verdeutlicht diesen Ansatz:

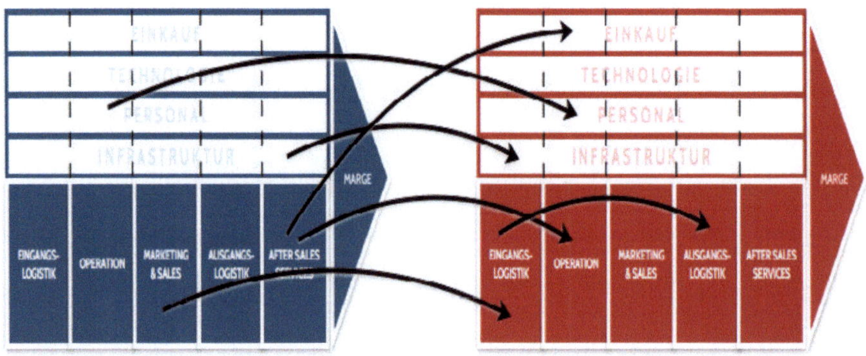

Abbildung 1: Verknüpfung zwischen Werteketten

Quelle: Eigene Darstellung, basierend auf Porter 1999, S.185.

Für die Verknüpfung der Wertketten muss der Markenauftritt differenziert sein und für den Kunden unverwechselbar. Besteht keine Differenzierung, dann bedeutet das hohe Verluste bei der Wirkung im Werbemitteleinsatz. Es werden sogar durch die falschen Signale die Markenauftritte von Mitbewerbern gestärkt. Zudem wird bei einer mangenden Differenzierung die Identifikation der Mitarbeiter mit den Leitlinien des Unternehmens erschwert.

Damit die Verknüpfung der Wertketten funktioniert, müssen die Kommunikationsmuster konsistent sein, d.h. es müssen intermediale Verknüpfungen vorhanden sein, die die Aussagen vereinheitlichen und somit auch verstärken. Eine integrierte Kommunikation zeigt sich dann, wenn die Kommunikationsmittel formal und inhaltlich integriert sind. Dazu gehört die Verwendung eines einheitlichen Corporate Design, denn die Farben und das Firmenlogo sind Markensignale, die zwar keine Inhalte transportieren, aber das Angebot im Gehirn des Kunden verankern.

Der Kunde kann so durch die formale Integration Verknüpfungen herstellen. Als Mittel zur inhaltlichen Integration zählen wiederkehrende Slogans und Bilder, die das Angebot deutlich machen. Die Konsistenz wird durch Bilder mit unterschiedlichen Motiven mit gleichem Bildinhalt erzielt öder durch Schlüsselbilder, die den langfristigen visuellen Markenauftritt oder den Unternehmensauftritt repräsentieren.

Einen konstanten Marketingauftritt zeichnet zudem aus, dass er nur wenig wechselt, da neue Markensignale nur sehr langsam von Kunden angenommen werden. Es wird hier von einem Zeitraum von zwei Jahren ausgegangen. Die Markensignale können dagegen mit neuen Inhalten verknüpft werden, wenn etwas verändert werden muss. So ist ebenfalls die Konsistenz gewahrt. Verstärkt wird der konsistente Markenauftritt, wenn die Schlüsselbilder sich durch eine hohe Relevanz oder Einzigartigkeit auszeichnen. Die Verstärkung durch Schlüsselbilder bewirkt eine effiziente Aktivierung beim Kunden, weniger Wirkungsverlust und die Speicherung von Botschaften.

Es werden verschiedene Aspekte der Unterschiedlichkeit zwischen Dienstleistern und produzierenden Unternehmen festgestellt, so dass Dienstleister viel mehr als das produzierende Gewerbe eine funktionierende Infrastruktur in ihrem Unternehmen benötigen. Ohne diese wäre die Erbringung von Serviceleistungen oft nicht möglich.

Fortschritte in der Technologie und deren Übernahme ins eigene Unternehmen steht bei Dienstleistern hingegen nicht im Vordergrund.

Von grösserer Bedeutung ist die Eingangslogistik mit dem Geschäft von Dienstleistern verbunden, da hier die Input-Faktoren direkt integriert werden können, was zugleich die Lagerkosten senkt. Hingegen ist die Ausgangslogistik für viele Dienstleistungsunternehmen nicht sehr relevant. Die primären Aktivitäten der Wertkette bei Dienstleistungsunternehmen sollten demnach wie folgt unterteilt werden: a) Akquisition; b) Eingangslogistik; c) Kontaktphase und d) Nachkontaktphase. Wir werden im weiteren Verlauf jedoch sehen, dass diese Unterteilung beispielsweise für Fitnessstudios etwas zu kurz greift.

Benkenstein et al. (2007) schlagen vor, bei Dienstleistern zwischen projektartiger und kontinuierlicher Leistungserstellung zu differenzieren. «Zum einen lassen sich Wertschöpfungsanalysen von Dienstleistungsunternehmen darstellen, die ihre Leistung an Dritte in der Regel nur einmalig bzw. in grossen zeitlichen Abständen abgeben. Aus der Betrachtung des Kunden kann dann die Leistungserstellung des Dienstleistungsunternehmens als einmaliges Projekt angesehen werden. Zum anderen können Leistungsvereinbarungen zwischen Nachfrager und Dienstleistungsanbieter aber auch über einen längeren Zeitraum bestehen.

Insgesamt dienen Wertketten bei Dienstleistungsunternehmen als strategisches Instrument, um eine ganzheitliche Methode zur Analyse von Kosten-, Differenzierungs- und Zeitvorteilen vorzunehmen.

Wie zu sehen ist, beschreibt die Wertkette, dass die Wertschöpfung auch in einem Dienstleistungsunternehmen aus vielen einzelnen Leistungen bzw. Prozessen besteht, die Wertaktivitäten darstellen. Anhand der Wertkette ist es möglich, die Wertaktivitäten des eigenen Unternehmens strukturiert zu analysieren.

Gaitanides (2008, S. 54) schreibt dazu: «Die Wertkette gliedert Unternehmen in strategisch relevante Aktivitäten, die für die Rentengenerierung eines Unternehmens verantwortlich sind. Die Wertaktivitäten sind einerseits Kostentreiber, andererseits eröffnen sie Differenzierungsmöglichkeiten. Ihre Ausführung entscheidet darüber, ob das Unternehmen Leistungen kostengünstiger oder den Kundenbedürfnissen gerechter anbieten kann als seine Konkurrenten. [...] Auch zum Verständnis der Wertketten und Wertkettenaktivitäten von Zulieferern und Abnehmern ist die Wertkettenanalyse geeignet.»

Das Unternehmen wird einen Wettbewerbsvorteil erreichen können, indem es strategisch und im Kundeninteresse besonders wichtige Wertaktivitäten besser oder günstiger anbietet, als die Konkurrenz. Gottanka betont, dass der «der Wert des Ansatzes [...] in der Möglichkeit einer konsequenten Ausrichtung jeder Aktivität auf die Strategie des Unternehmens liegt.»

Porter ergänzt diese Sicht, indem er sagt: «Die Wertkettentheorie sieht das Unternehmen als eine Ansammlung voneinander unterscheidbarer, aber miteinander verbundener Produktionsfunktionen, sofern Produktionsfunktionen als Aktivitäten definiert werden. Bei der Formulierung der Wertkette steht die Frage im Mittelpunkt, wie diese Aktivitäten Wert schaffen und was deren Kosten bestimmt, wobei das Unternehmen in der Frage, wie diese Aktivitäten angeordnet und kombiniert werden sollen, beträchtlichen Spielraum hat.»

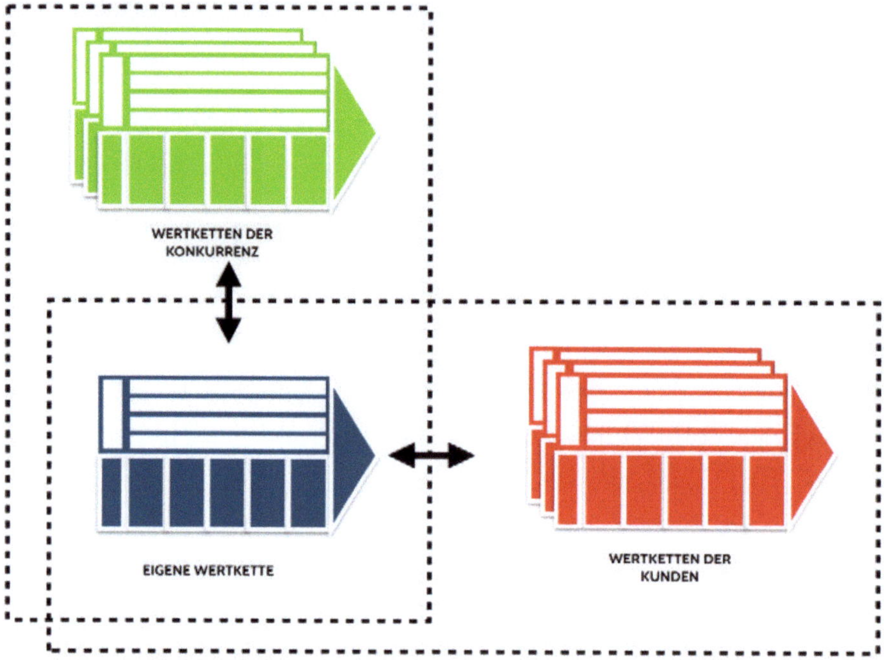

Abbildung 2: Nutzen der Analyse anderer Werteketten

Quelle: Eigene Darstellung

Porter stellt weiter fest: «Eine Analyse der Wertkette statt der Wertschöpfung ist der richtige Weg zur Untersuchung der Wettbewerbsvorteile. Die Wertschöpfung (Verkaufspreis minus Einkaufspreis der Rohstoffe oder Kosten zur Bereitstellung einer Dienstleistung) wurde gelegentlich zum Schwerpunkt der Kostenanalyse gemacht, weil man hier das Gebiet sah, in dem ein Unternehmen seine Kosten kontrollieren kann. Die Wertschöpfung ist aber keine brauchbare Basis der Kostenanalyse, weil hier unzutreffend zwischen Rohstoffen und den vielen anderen für die Aktivitäten einer Firma erworbenen Inputs unterschieden wird. Auch lässt sich das Kostenverhalten der Aktivitäten nicht verstehen, ohne gleichzeitig die Kosten für die verwendeten Inputs zu prüfen. Ausserdem lässt die Wertschöpfung

Verknüpfungen zwischen einem Unternehmen und seinen Lieferanten ausser Acht, die sich kostensenkend oder differenzierungssteigernd auswirken können.»

Die Wertkette für Dienstleistungen zeigt, dass Wertschöpfung durch die Qualität der Mitarbeiter und das Wissen, das im Unternehmen vorhanden ist, getrieben wird. Die Wertschöpfung baut auf dem Wissen über den Konsumenten auf. Wissensträger sind dabei insbesondere die Mitarbeiter des Dienstleistungsunternehmens, welche mit den Kunden den Dialog führen.

Ebenfalls legitim ist es, die Wertkette nach Porter auf Dienstleistungsunternehmen zu spezifizieren, um die speziellen Werttreiber zu identifizieren. So kann eine Dienstleitung als «eine Arbeitsleistung, die unter Einbezug externer Produktionsfaktoren für andere Wirtschaftseinheiten erbracht und von diesen als Prozess in Kombination mit Sachgütern in Anspruch genommen wird» definiert werden.

Drei, für die Dienstleistung definierenden Eigenschaften sind:

- Arbeitsleistung, die durch den Dienstleister erbracht wird
- externe Faktoren, die in den Prozess integriert werden
- Nutzung der Leistung von Dritten.

Diese Eigenschaften sind somit die Werttreiber bzw. Inputfaktoren. Weiter können die internen Faktoren in «reale immaterielle Faktoren, wie z. B. die menschliche Arbeitsleistung, andere (Produktiv-) Dienstleistungen, Rechte und Informationen (zweckorientiertes Wissen), in reale materielle Produktionsfaktoren, wie z. B. Betriebsmittel (Gebrauchsgüter; Potentialfaktoren) und Werkstoffe (Verbrauchsgüter; Repetierfaktoren) und in nominale (monetäre) Produktionsfaktoren, wie z. B. Finanzanlagen und Buch- sowie Bargeld (Liquidität) unterteilt werden.

Von Seiten des Dienstleisters werden diese Faktoren in der initialen Phase angeboten. Die Prozesse des Dienstleisters sind darauf ausgerichtet, sein Potenzial für die Übernahme einer Aufgabe darzustellen. Während des Erbringens der Dienstleistung kann der Dienstleister mit den von ihm gestalteten Prozessen die Fremdfaktoren einbinden, die vom Nachfrager der Dienstleistung zur Verfügung gestellt werden. Das Ergebnis der Tätigkeit des Dienstleisters hat schliesslich den Fremdfaktor eingebunden oder in irgendeiner Weise verändert. Die nachfolgende Grafik illustriert diesen Punkt.

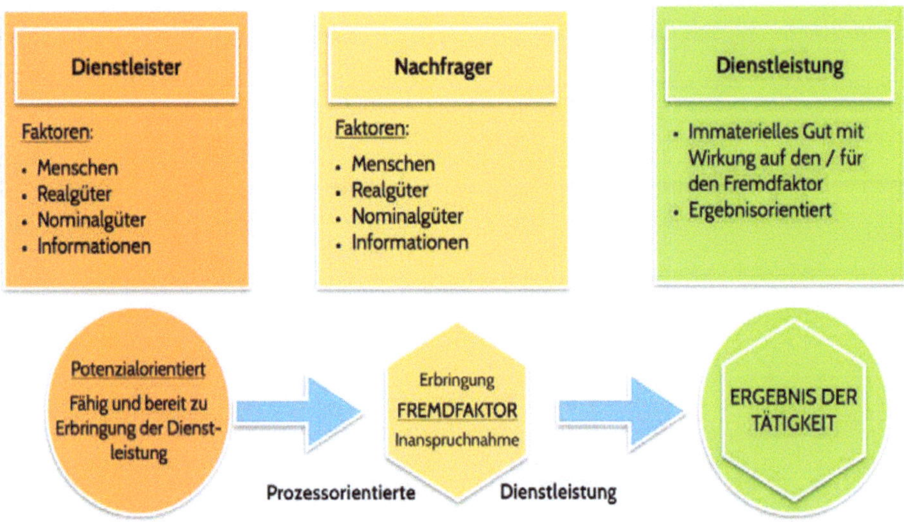

Abbildung 3: Wesen der Dienstleistung

Quelle: Eigene Darstellung nach Meffert et al., 2018, Pos.578

Das oben beschriebene Prinzip ist die Grundlage für die Definition des Begriffes Dienstleistung. Laut Meffert et al. (2018) lautet diese Definition wie folgt:

«Dienstleistungen sind selbstständige, marktfähige Leistungen, die mit der Bereitstellung (z. B. Versicherungsleistungen) und/oder dem Einsatz von Leistungsfähigkeiten (z. B. Friseurleistungen) verbunden sind. Interne (z. B. Geschäftsräume, Personal, Ausstattung) und externe Faktoren (also solche, die nicht im Einflussbereich des Dienstleisters liegen) werden im Rahmen des Erstellungsprozesses kombiniert (Prozessorientierung). Die Faktorenkombination des Dienstleistungsanbieters wird mit dem Ziel eingesetzt, an den externen Faktoren, an Menschen (z. B. Kunden) und deren Objekten (z. B. Auto des Kunden) Nutzen stiftende Wirkungen (z.B. Inspektion beim Auto) zu erzielen (Ergebnisorientierung).»

Aus dieser Faktorenkombination ergibt sich, dass sich verschiedene Dienstleistungen in mehreren Dimensionen voneinander unterscheiden. Eine Unterscheidung betrifft beispielsweise die Interaktion mit dem Nachfrager der Dienstleistung. Die Interaktion mit dem Nachfrager kann standardisiert und quasi-industriell sein, oder sie kann individuell und kundenorientiert sein. In längerfristigen Kundenbeziehungen bedarf es auch bei einem hohen Individualisierungsgrad der Leistung nicht mit jedem Kaufakt einer erneuten informationsbedingten Integration. Inwieweit ein Konsument sich in den Leistungserstellungsprozess eingebunden fühlt, hängt nicht direkt mit der Individualität der Leistung zusammen. Insbesondere neue Kommunikationstechnologien ermöglichen kundenindividuelle Leistungen bei einer seitens der Nachfrager nur als gering empfundenen Integration in den Leistungserstellungsprozess.

Somit gilt es neben dem Grad der Individualisierung der Leistung auch noch den Grad der Integrierung des Nachfragers in dem Prozess zu beachten. Eine dritte Dimension der Dienstleistung ergibt sich aus der Immaterialität der Leistung. Durch diese Immaterialität kann der Nachfrager kaum die Qualität der Leistung beurteilen, so dass es zu einer Beschaffungsunsicherheit und zu mangelnder Vergleichbarkeit kommt. Diese Bewertungs- bzw. Verhaltensunsicherheit muss abgebaut werden, um Vertrauen zu erlangen. Die untenstehende Abbildung verdeutlicht die verschiedenen Dimensionen der Dienstleistung:

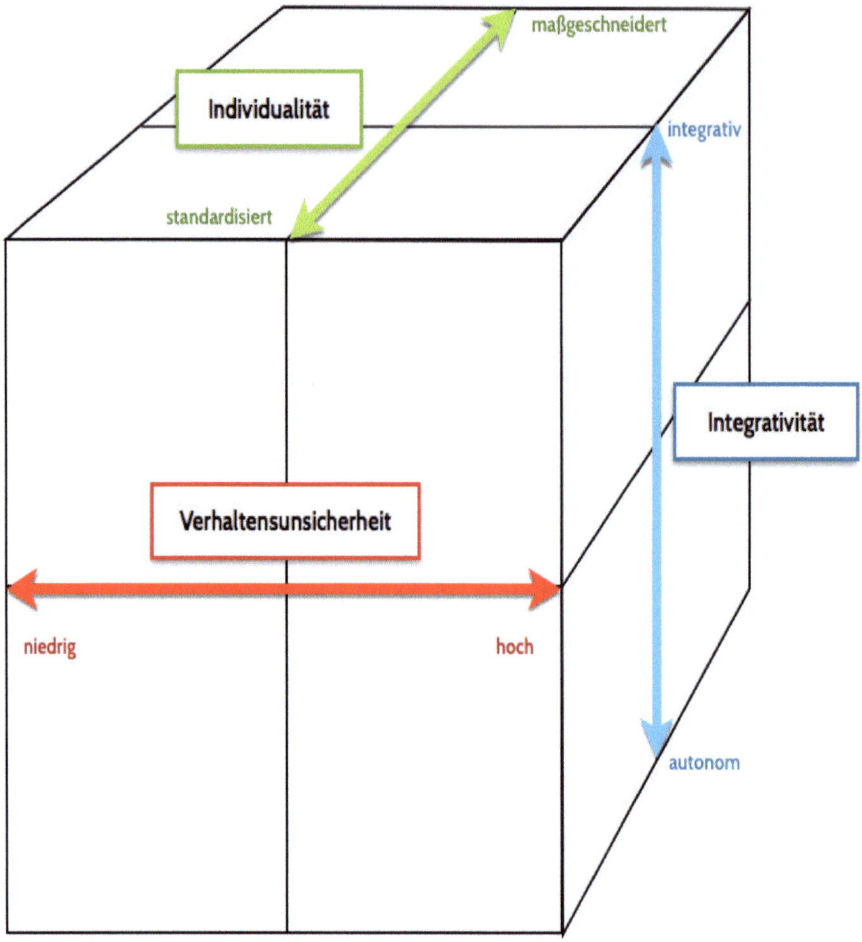

Abbildung 4: Dimensionalität der Dienstleistung

Quelle: Eigene Darstellung, basierend auf Meffert et al, 2018, Pos. 668

Diese mehrdimensionale Betrachtung einer Dienstleistung macht es einfacher, eine Differenzierung zu erreichen. So ist etwa die Dienstleistung einer Umzugsfirma sehr deutlich von der Dienstleistung eines Fitnessunternehmens abzugrenzen. Die Verhaltensunsicherheit im Fall des Spediteurs dürfte gering sein, einmal weil der

Spediteur im hohen Masse autonom agiert und auch, weil er keinen Grund hat, den Nachfrager in den Prozess der Erbringung der Dienstleistung zu integrieren.

Die Dienstleistung im Fitnessstudio sieht jedoch ganz anders aus und kann in einem anderen Bereich verortet werden. Seitens eines Nachfragers, der nie zuvor ein Fitnessstudio betreten hat und der sich der vor ihm stehenden Aufgabe eventuell nicht gewachsen fühlt, dürfte die Verhaltensunsicherheit sehr hoch sein. Gleichzeitig wird der Anbieter der Dienstleistung versuchen, den Nachfrager so gut wie möglich in die Gemeinschaft seines Studios einzubeziehen. Zudem wird er versuchen, durch ein massgeschneidertes, individuelles Angebot die eingebrachten Faktoren des Nachfragers zu nutzen und in den Vordergrund zu stellen.

Bei der Dienstleistung besteht der interne Input hauptsächlich in der Arbeitsleistung und dem Wissen von Mitarbeitern. Die Eingangslogistik kann auf den Bereich der Dienstleistung mit der Bereitstellung von Personal, das über spezifische Qualifikationen verfügt und in ausreichender Menge verfügbar ist, übertragen werden. Ein wesentlicher Bestandteil der Eingangslogistik ist die Einstellung und die Suche nach geeigneten Mitarbeitern, denn im Dienstleistungsbereich ist dieses eine Voraussetzung, um die Dienstleistung zu erbringen. Die Operationen im Dienstleistungsbereich werden in einer ersten Stufe durch die Kombination von vorhandenem Humankapital und der vorhandenen Technologie ermöglicht. In der zweiten Stufe müssen diese Kombination dauerhaft geleistet werden, um das Dienstleistungspotenzial herzustellen. Dazu werden weitere interne Faktoren kombiniert und schliesslich auch externe Faktoren integriert.

Im Bereich der Ausgangslogistik geht es im Dienstleistungsbereich darum, den richtigen Standort zu wählen, um den Kontakt zum Kunden zu ermöglichen und gleichzeitig die Erreichbarkeit zu gewährleisten. Für ein Dienstleistungsunternehmen ist das Wert erhöhend, wenn die Massnahmen bzw. Prozesse so abgespeichert werden, dass sie auch später dem Unternehmen nutzen.

Die Schaffung von Reputationskapital stellt einen wesentlichen Beitrag zur Wertschöpfung im Bereich Marketing und Vertrieb dar, da der hauptsächliche Input im vorhandenen Humankapital liegt. Die mit der Schaffung von Reputationskapital einhergehende Verringerung der Komplexität in den Beziehungen tragt zur Vermeidung von Opportunität bei und vermindert so die Kosten für die Beschaffung von Informationen und verringert die Kapazitäten für Informationsverarbeitung.

Ein weiterer Aspekt, der im Bereich Marketing und Vertrieb wichtig ist, besteht in der Pflege der Beziehung zu Kunden, Lieferanten und Kapitalgebern. Die Aktivitäten, die in dieser Hinsicht geleistet werden müssen, beziehen sich auf die Markenbildung und -positionierung, die Gestaltung des Vertriebs und den Aufbau eines Images. Wobei die Aktivitäten sowohl zum Aufbau von Reputationskapital beitragen, wie auch die Bindung zu potenziellen Nachfragern stärken, da diese von der gleichbleibenden Qualität bei der Erbringung der Leistung durch die Aktivitäten überzeugt werden. Im Rahmen der Marketingaktivitäten wird auch der Bekanntheitsgrad der Marke gesteigert.

Die Aufgabe des Kundendienstes ist es den Kundenkontakt und die Kundenzufriedenheit aufrecht zu erhalten und bei Unzufriedenheit dieser entgegenzuwirken. Die Dienstleistung wird im Rahmen eines Kundendienstes durch weitere Beratungsleistungen erweitert und hat die Aufgabe auf Nachfragen vom Kunden zu reagieren.

Die unterstützenden Faktoren für die Wertkette eines Dienstleistungsunternehmens bestehen aus der Unternehmensinfrastruktur, der Personalwirtschaft, der Entwicklung der entsprechenden Technik und der Beschaffung. Dabei besteht die Unterstützung in den Aktivitäten der Geschäftsleitung, die unter anderem die Strategie festlegt, dem Controlling bzw. Finanzbereich, der die Liquidität sicherstellt und der EDV, die für die Einbindung von Informationstechnologie im Dienstleistungsprozess sorgt. Die Aufgaben der Personalwirtschaft bestehen in der Aus- und Weiterbildung von Personal, der Sicherstellung des Recruitings in der

Entwicklung von Verfahren zur Einstellung, sowie die Einstellung selber. Die Entwicklung einer geeigneten Technologie unterstützt den Prozess in allen Phasen. Dagegen sorgt die Beschaffung für die Verfügbarkeit von relevanten Hilfs- und Betriebsstoffen, die für die Erbringung der Dienstleistung notwendig sind.

Das Dienstleistungspotential entsteht durch die Bereitstellung von Strukturen und den geeigneten Mitarbeitern, die durch ihre Ausbildung, ihre Motivation und soziale Kompetenz der angestrebten Qualität beisteuern. Die Qualität zeigt sich in der Zusammenarbeit als Team und wird beeinflusst durch die Darstellung der Marke nach aussen und die Unternehmenskultur. Durch das Dienstleistungspotenzial wird der Mehrwert für den Konsumenten erzielt, da er durch die Qualität der Mitarbeiter das beste Ergebnis erzielt und dafür die Kosten in Kauf nimmt. Hier herrscht aber auch die höchste Unsicherheit, da die Dienstleistung erst im Nachhinein beurteilt werden kann. Der Unsicherheit kann begegnet werden, indem dem Nachfrager die entsprechenden Informationen zur Verfügung gestellt werden und damit sein Informationsbedürfnis gestillt wird.

Das Image, die Reputation und die vollständige Darstellung der Dienstleistung tragen ebenfalls zum Abbau von Unsicherheit beim Kunden bei. Das alles stellt eine entscheidende Bedeutung für die Nutzung der Dienstleistung dar. Die Kommunikation ist daher das geeignete Mittel, um hier Werte zu generieren. Das Reputationsmanagement, das Markenmanagement und weitere Massnahmen gehen mit Unsicherheit von Seiten des Unternehmens einher, denn diese müssen Leistungen, in Form von Mitarbeitern, Räumen und Marketingausgaben bereitstellen, ohne das Absatzpotenzial sicher abschätzen zu können. Daher haben kurzfristige Anpassungen der betrieblichen Leistungsfaktoren eine hohe Relevanz bei Dienstleistungsunternehmen.

Eine weitere Unsicherheit entsteht durch die Integration der externen Faktoren. Die externen Faktoren sind Konsumenten und der Standort. Diese beeinflussen einmal die Ergebnisse der Dienstleistung und führen zum anderen zu unterschiedlicher

Nachfrage und Wertschätzung der Konsumenten. Wobei auch die Anzahl der Nachfrager, also die Menge der externen Faktoren die Qualität beeinflussen kann. Die externen Faktoren haben damit einen Einfluss auf die Ausschöpfung des Dienstleistungspotenzials, da sie in die Annehmlichkeiten des Konsumenten eingreifen.

Dienstleistungsunternehmen können diesem Faktor nur begegnen, indem sie ihren Kundenstamm pflegen und eine Bindung zum Kunden aufbauen.

2.3 Positionierung

2.3.1 Bedürfnisse

Porter schreibt, dass die strategische Positionierung auf drei grundlegende Konzepte beruht:

- produktselektive Positionierung
- bedürfnisbezogene Positionierung
- zugangsbezogene Positionierung

Bei der produktselektiven Positionierung das Unternehmen nur einen Teil oder eine Variante der Dienstleistung zur Verfügung. Diese Positionierung bietet sich an, wenn das Unternehmen diese Dienstleistung in einzigartiger Weise erbringen kann.

Die bedürfnisorientierte Positionierung richtet sich darauf aus, bestimmte Bedürfnisse einer Kundengruppe zu befriedigen. Diese Positionierung bietet sich an, wenn eine Kundengruppe unterschiedliche Bedürfnisse aufweist oder ein Kunde verschiedene Bedürfnisse haben kann. Die Aktivitäten werden darauf ausgerichtet, die folgenden Bedürfnisse zu befriedigen:

- Bedürfnis nach Information
- Bedürfnis nach Unterstützung

- Bedürfnis nach einem fairen Preis
- Bedürfnis nach Kundendienst

Fitnessstudios befriedigen die unterschiedlichen Bedürfnisse, indem sie Dienstleistungen zu Wellness, Gesundheit und Fitness anbieten. Die Fitnessketten verfolgen dabei das Ikea-Prinzip und befriedigen alle Bedürfnisse ihrer Zielgruppe und verzichten oft auf persönliche Betreuung, Mitarbeiter am Empfang und automatisieren die Gewinnung von Mitgliedern.

Die bedürfnisgerechte Positionierung kann sich aber auch auf den Kunden, der unterschiedliche Bedürfnisse hat, konzentrieren. Ein Beispiel ist der Bereich der Rehabilitation nach einer Krankheit, wenn der Kunde beispielsweise nach einer Knieoperation nicht nur die Funktion des Gelenkes wieder verbessern soll, sondern auch Gewicht reduzieren muss, dann hat er zwei unterschiedliche Bedürfnisse. Neben einer engen Begleitung des Trainings braucht er Beratungen und Informationen rund um das Thema abnehmen. Dazu die entsprechende Motivation und Coaching, da nur durch Veränderungen ein nachhaltiger Erfolg gewährleistet ist.

Eine weitere Unterscheidung besteht zwischen dem Geschäftsmann, der zwischen zwei Meetings ein Workout einschiebt, der braucht die Nähe zum Arbeitsplatz, eine private Businesszone und den entsprechenden Raum für Fitness, wo genügend Geräte zur Verfügung stehen. Der gleiche Mann hat aber am Wochenende ganz andere Bedürfnisse, wenn er Zeit mit seiner Familie verbringt, dann möchte er für die Zeit in der er trainiert eine Kinderbetreuung und anschliessen Entspannung und Wellness geniessen. Bei diesen beiden Beispielen wird deutlich, dass beide Kunden nicht mit derselben Wertkette rentabel betreut werden könnten.

Die zugangsbezogene Positionierung teilt die Kunden mit ähnlichen Bedürfnissen in Segmente ein. Alternativ kann die Positionierung auch in der Konzentration auf ein Segment einer Dienstleistung bestehen. Der Umgang mit den verschiedenen Segmenten unterscheidet sich in der Ansprache und in der Gestaltung der

Aktivitäten. Die Ansprache kann sich dabei auf regionale Unterschiede, wie Ballungsgebiete, Kleinstädte oder ländliche Regionen beziehen. Eine weitere zugangsbezogene Positionierung kann auch zwischen kleinen Kundengruppen und grossen Kundengruppen bestehen. Ein einfaches Beispiel in Fitnessstudios ist die Ansprache von Männern und Frauen. Die ist in der Regel gleich und eher auf Männer ausgerichtet, wodurch die durchschnittliche Fluktuation von Frauen oft höher ist. Der Zugang zu den Aktivitäten und damit das Angebot ist vermehrt auf Männer ausgerichtet.

Bei der Positionierung geht es daher nicht darum, eine Nische zu finden, denn die Positionierung kann auch sehr weit gefasst sein, sondern es geht um die Konzentration auf die Bedürfnisse des Kunden oder der Kundengruppe oder einer Zielgruppe. Dazu müssen die Aktivitäten des Unternehmens, d. h. die angebotenen Dienstleistungen, die entsprechenden Bedürfnisse befriedigen. Der Kostenvorteil entsteht durch die Fokussierung, die im Gegensatz zu einem breiten Angebot günstiger ist. Dies kann am Beispiel eines Gesundheitscenters erläutert werden. Wenn sich ein Studio auf bestimmte Übungen, wie die Stärkung der Rückenmuskulatur spezialisiert, braucht es eine Vielzahl von Geräten nicht mehr. Dazu können Flächen reduziert und die Öffnungszeiten eingeschränkt werden. Es ist daher sehr viel Potenzial für Kosteneinsparungen vorhanden. Im Allgemeinen zeichnet sich eine Positionierung dadurch aus, dass ausgefallene Bedürfnisse befriedigt werden und eine gezielte Ansprache der Kunden oder Kundengruppen verfolgt wird.

Bei der Strategie der Positionierung kommt es darauf an, sich zu entscheiden, um Widersprüche in der Strategie zu vermeiden. Die Beispiele zeigen, dass aus den verschiedenen Positionierungen unterschiedliche Aktivitäten hervorgehen. Die Vermeidung von Widersprüchen hilft dabei sich im Wettbewerb zu behaupten.

Eine Positionierung zeigt immer Unterschiede auf der Angebotsseite, auf der Nachfrageseite kann es dagegen Unterschiede geben, muss es aber nicht. Eine

Positionierung, die sich auf ein Dienstleistungssegment oder auf einen bestimmten Zugang beruft, ist unabhängig von einer bestimmten Kundengruppe.

Unternehmen, die eine Positionierung wählen, verzichten gleichzeitig auf andere Aktivitäten, Zielgruppen, Märkte oder Ähnliches. Die Abwägung zwischen den verschiedenen Positionierungen steht daher im Vordergrund. Das Unternehmen muss zu folgenden drei Aspekten Entscheidungen treffen, um folgende Auswirkungen zu vermeiden:

- Konflikte mit Image/Reputation
- Verschwendung von Ressourcen (Betriebsausrüstungen, Personal, Kenntnisse, Standort, Management)
- Verlust der internen Koordination und Kontrolle von Image/Reputation

Das Selbstverständnis des Unternehmens, die Ziele und Grundsätze sind im Leitbild verankert. Mitarbeiter und Kunden kennen die Werte, die dahinterstehen. Es irritiert sie, wenn bei einer strategischen Ausrichtung diese Werte verändert werden oder entgegengesetzte Werte verfolgt werden.

Wenn die Kunden es beispielsweise gewohnt sind, dass ihr Training medizinisch überwacht wird und daher teuer ist, dann aber ein deutlich kostengünstigeres Training eingeführt wird, kann ein Konflikt entstehen. Das neue, billige Angebot kann auch die eigene Reputation vernichten. Daher muss bei der Positionierung ein Konflikt zwischen der Wahrnehmung durch das Publikum und der eigenen Positionierung, bzw. eine Strategie, die widersprüchlich wahrgenommen wird, vermieden werden. Gleichzeitig ist das Image, dass sich ein Unternehmen aufbaut, der beste Schutz gegenüber dem Wettbewerb, da die Imitation eines guten, aber fremden Images nur unter erheblichen Kosten möglich ist.

2.3.2 Verfügbarkeit von Ressourcen

Abgrenzungen ergeben sich auch aus der Verfügbarkeit von Ressourcen, denn jedes Unternehmen verfügt über eine unterschiedliche Ausrüstung an Geräten, Räumen, Ressourcen in Bezug auf das Personal (Anzahl, Ausbildung und Verhalten), Fähigkeiten und Management. Dazu ruft auch der Mangel an Flexibilität Kompromisse hervor, denn Menschen, und Betriebsmittel können sich nicht unbegrenzt anpassen. Die Entscheidung für eine Positionierung mit einem hohen Serviceniveau bedeutet auch, dass Kundengruppen mit anderen Bedürfnissen immer weniger befriedigt werden. Durch die Begrenzung der Aktivitäten oder der Varianten, verbessert sich die Produktivität. Wenn zum Beispiel ein bestimmter Trainer in der Lage wäre, einem Kunden einen hohen Grad an Unterstützung zu bieten und dieses einen entsprechenden Mehrwert für das Unternehmen leistet, dann wäre das Talent und die Kosten für Ausbildung und Lohn des Trainers verschwendet, wenn er einen Kunden betreut, der diese Art von Unterstützung nicht möchte. Durch die ständige Unterstützung auf hohem Niveau können Trainer und das gesamte Studio Lern- und Skalierungsvorteile erzielen.

2.3.3 Interne Koordination und Kontrolle

Eine Positionierung erfordert Prioritäten und klare Rahmenbedingungen. Die Begrenzung der Positionierung durch organisatorische Priorisierung gibt Mitarbeitern den Rahmen für ihre Handlungen. Die Entscheidung für eine Position schliesst andere Arten von Handlungen aus und erleichtert so die interne Koordination und Kontrolle. Zielkonflikte zwischen Kosten und Qualität treten in erster Linie dann auf, wenn redundante oder ungenutzte Anstrengungen, schlechte Kontrolle, keine genauen Vorgaben oder eine schwache organisatorische Koordination vorliegen. Kosten und die Wertschöpfung bei der Differenzierung können nur gleichzeitig verbessert werden, wenn das Unternehmen noch nicht die Produktivitätsgrenze erreicht hat oder wenn es gelingt die Grenze nach aussen zu verschieben. An der Grenze, wo Unternehmen ein hohes Mass an operativer

Effektivität erreicht haben, ist der Zielkonflikt zwischen Kosten und Differenzierung sehr real. Porter (1996, S. 12) sagt dazu : «While operational effectiveness is about achieving excellence in individual activities or functions, strategy is about combining activities.»[1]

Für die Positionierung von Unternehmen und Produkten ist die Preisbildung ein Schlüsselinstrument. Dementsprechend liegt ein Schwerpunkt der Marktforschung darauf, die Auswirkungen der Preise auf die Verbraucher zu untersuchen. Die Kluft zwischen der Verkaufselastizität und der Auswahlelastizität nimmt zu, was darauf hindeutet, dass die primäre Nachfrageelastizität zunimmt. Eine wesentliche Implikation ist, dass der Anteil an markenübergreifenden Effekten bei der Verkaufsförderung mit der Zeit abnimmt, d. h. die Verbraucher scheinen den Konsum im Verlauf der Zeit zunehmend auf den Werbepreis zu stützen. Die Folge davon ist, dass immer weniger Produkte mit voller Marge verkauft werden. Eine mögliche Strategie ist es, die Häufigkeit von Preisaktionen zu reduzieren, was aber nicht unbedingt zu höheren Gewinnen führt. Eine weitere Erkenntnis bei der Preisfindung ist es, dass die Preiselastizität in der Wachstumsphase einer Produktkategorie am stärksten ist.

Zudem ist der Einfluss von Marken auf die Preiselastizität nicht signifikant. Die Preiselastizität ist abhängig von der Makroökonomie eines Landes. Wenn die Inflationsrate eines Landes hoch ist, wird die Nachfrage auf kurze Sicht preiselastischer. Dies deutet darauf hin, dass eine Marke zusätzliche Verkäufe oder Marktanteile gewinnt, wenn der Artikel beworben wird oder wenn der reguläre Preisanstieg in einem Tempo gehalten wird, das im Verhältnis zur Inflationsrate niedrig ist.

---

[1] Übersetzung des Autors: «Während es bei der operativen Effektivität darum geht, bei einzelnen Aktivitäten oder Funktionen Höchstleistungen zu erzielen, geht es bei der Strategie darum, Aktivitäten zu kombinieren.»

Nach der mikroökonomischen Theorie werden Käufe durch eine Kombination von Verbraucherpräferenz und Preis angetrieben. Es gibt neurobiologische Untersuchungen, wie Menschen Faktoren abwägen, um Kaufentscheidungen zu treffen. Die Befunde zeigen, dass bestimmte Schaltungen im Gehirn Gewinn und Verlust vorhersagen.

Trotz der verfügbaren Kenntnisse aus der Psychologie, greifen nur wenige Unternehmen bei der Festlegung der Preise darauf zurück, was zu suboptimalen Situationen für Verbraucher und Unternehmen führt. Das Verständnis der Psychologie der Preisgestaltung ist jedoch von entscheidender Bedeutung, wenn Unternehmen optimale Ergebnisse erzielen wollen. Die Preisforschung zeigt, wie Kunden die Preisinformationen verarbeiten und wie diese die Entscheidung beeinflussen. Bizer und Schindler (2005) untersuchen das Verhalten von Verbrauchern, wenn sie Preise mit einer Endziffer von 0,99 statt einer ganzen Zahl verarbeiten und stellen fest, dass Kunden danach Preisen weniger Aufmerksamkeit schenken.

Tatsächlich scheint sich die Preisgestaltung nahezu perfekt in das System der symbolischen Codes einzugliedern. Dies zeigt auch die Neuroforschung, wenn sie die zeitliche und räumliche Natur der Gehirnaktivität untersucht. Es entsteht ein Verständnis dafür, warum Preise wie 4,99 als wesentlich billiger wahrgenommen werden als solche wie 5,00. So haben Plassmann et al. (2008) an der Stanford Graduate School of Business und dem California Institute of Technology eine Untersuchung durchgeführt, um das Verhältnis zwischen dem Preis und der Zufriedenheit von Kunden zu untersuchen. Den Teilnehmern wurde gesagt, dass sie verschiedene Weine probieren, von denen ein Wein pro Flasche $ 5 und der andere Wein $ 45 pro Flasche kosten. Tatsächlich wurde aber der gleiche Wein ausgeschenkt, der $ 5 kostete. Sie stellten fest, dass der Preis die Erfahrungen des Menschen mit einem Produkt und damit die Ergebnisse des Verzehrs dieses Produkts verändert. Die Untersuchungen zeigten, dass der Teil des Gehirns, der Spass registriert, aktiver wird, wenn der Trinker denkt, er oder sie geniesst einen teureren Jahrgang.

Die Forscher fanden zudem heraus, dass eine Erhöhung des wahrgenommenen Preises eines Weines aufgrund einer damit verbundenen gesteigerten Geschmackserwartung zu einer erhöhten Aktivität im Gehirn führte. Daher beweist diese Untersuchung die Beziehung zwischen Preis- und Zufriedenheit des Kunden. Daraus kann geschlossen werden, dass eine höhere Kundenzufriedenheit nicht auf echter Qualität beruht, sondern auf dem Preis, den die Kunden als Indikator für die Produktqualität sehen. Auf der einen Seite ist es eine Tatsache, dass Menschen, die glauben, dass ein Produkt überteuert ist, weniger wahrscheinlich einen Kauf tätigen. Das Gleiche gilt in Situationen, in denen die Kunden denken, dass sie ungerecht behandelt werden. Nach Erkenntnissen der Neurowissenschaften wird in dem Fall ein kleiner Bereich namens «anterior Insula» aktiv.

Dies ist für Dienstleistungen relevant, da bei Dienstleistungen eine hohe Unsicherheit beim Kunden vorliegt und daher Transaktionen zwischen einem Serviceanbieter und einem Kunden auf Vertrauen basieren. Wenn das Vertrauen hoch ist, füllt ein Hormon namens Oxytocin verschiedene Bereiche des Gehirns. Das Hormon ruft das Gefühl von Freude hervor. Bei der Gestaltung der Dienstleistungsprozesse ist also darauf zu achten, dass das Vertrauen aufrechterhalten wird und ein befriedigendes Niveau von Oxytocin beim Kunden erzeugt wird. Das heisst ein Dienstleistungsprozess der Freude vermittelt, hilft den Verlust von Kunden zu reduzieren.

Dapkevicius und Melnikas (2009, S. 19) untersuchen die Frage, ob Überzeugungen und Erwartungen, die von Marketingaktionen hervorgerufen werden, den Kunden mehr beeinflussen können, als Urteile und subjektive Konsumerfahrungen. Dieses wird anhand des Konsums eines Energiegetränks untersucht. Die Studie untersucht, ob ein Energiegetränk, das mit einem Rabatt gekauft wird, zu schlechteren Konsumerfahrungen führt und auch zu verminderter Leistung bei einem Herz-Kreislauf-Training.

Untersucht wurden 38 Mitglieder eines Fitnesscenters, die regelmässig (mindestens dreimal pro Woche) trainierten und vor beziehungsweise während einer Trainingseinheit Energiegetränk konsumierten. Vor dem Verzehr des Energiegetränks wurde allen Teilnehmern die Liste der Inhaltsstoffe gezeigt. Einer Testgruppe wurde mitgeteilt, dass das Getränk zum regulären Preis von 2,89 US-Dollar eingekauft wurde. Der anderen Gruppe wurde gesagt, dass der reguläre Preis des Getränks 2,89 US-Dollar beträgt, aber dass das Studio es zu einem reduzierten Preis von 0,89 US-Dollar mit Unternehmensrabatt gekauft hat. Nach dem Training bewerteten die Teilnehmer die Intensität ihres Trainings und wie erschöpft sie sich fühlen. Die Ergebnisse zeigen, dass die Testgruppe mit dem preisreduzierten Getränk ihre Trainingsintensität als niedriger bewertete als diejenigen im regulären Preis. Die Testgruppe mit dem preisreduzierten Getränk gab an, dass sie stärker ermüdet war als diejenigen mit dem regulären Preis. Als schliesslich bei der Nachbesprechung gefragt wurde, ob der Preis des Getränks das Workout beeinflusste, antwortete kein einzelner Teilnehmer positiv. Die Ergebnisse zeigen die implizite Wirkung der Preise auf das Empfinden der Kunden.

Die Zusammenfassung der Studien zeigt, dass bei vorliegenden Produktinformationen die Kaufbereitschaft steigt und der Preis unwichtiger wird, wenn beim Kunden eine hohe Wertschätzung des Produktes vorhanden ist. Die Wirksamkeit eines Produktes, beziehungsweise die Wertschätzung für ein Produkt steigt durch einen höheren Preis, Wobei die Wertschätzung mit dem Preis korreliert und ein Produkt mehr positive Emotionen hervorruft, wenn der Kunde es für teuer hält. Ein höherer Preis führt auch gleichzeitig zu einer höheren Leistung beim Kunden, da ein Placebo-Effekt von Preisen besteht und so das Verhalten der Kunden beeinflusst wird. Bei der Berücksichtigung des Placebo-Effekts kann davon ausgegangen werden, dass ein Kunde ein Konzept eines Fitnessstudios mit einer Marketingstrategie, bestehend aus Branding, hohen Preisen und einer entsprechenden Qualität der Leistung, als wertstiftender empfindet, als bei einem Studio, das vergleichbare Leistungen anbietet, aber mit Discount-Preisen arbeitet.

Beim Kauf eines Produktes oder einer Dienstleistung können auch gegenteilige Empfindungen entstehen, da auf der einen Seite Vorfreude entsteht und auf der anderen Seite der monetäre Verlust als negativ empfunden wird. Der Verlust des Geldes wird vom Gehirn mit Schmerz assoziiert.

2.4 Differenzierung

Die Antwort auf die Frage, welche Strategie ein Unternehmen verfolgen soll, ergibt sich aufgrund diverser Kriterien. Porter hat diese Kriterien in mehreren Büchern umrissen. Dabei stellte er fest, dass es insgesamt drei grundlegende Strategietypen gebe, die Strategie der Kostenführerschaft, die Strategie der Differenzierung und die Strategie der Konzentration auf Schwerpunkte.

Auch im Bereich der Fitnessstudios zielen Discounter auf die Kostenführerschaft ab. Durch Reduktion ihrer Kosten versuchen sie, den Kunden ein möglichst günstiges Angebot zu machen. Der Wettbewerb findet ausschliesslich über den Preis statt. Die Strategie der Differenzierung setzt andere Schwerpunkte. «Mit der Differenzierungsstrategie bemüht sich ein Unternehmen, in einigen, bei den Abnehmern allgemein hoch bewerteten Dimensionen in seiner Branche einmalig zu sein. Es wählt ein oder mehrere Merkmale, die viele Abnehmer der Branche für wichtig halten, und bringt sich in die einmalige Position, diese Bedürfnisse zu befriedigen. Für diese Einmaligkeit wird es mit höheren Preisen belohnt.»

Dabei ist zu beachten, dass sich die Art und Weise, wie sich ein Unternehmen von anderen unterscheidet, von Branche zu Branche unterscheidet. Nicht allein das Produkt ist entscheidend, sondern es kann sich auch um eine Marketingmethode oder ein Auslieferungssystem handeln.

Porter führt verschiedene Entscheidungen der Unternehmen auf, die zur Einmaligkeit führen können. Dies sind u.a.

- Produktattribute
- Leistungsangebot
- zusätzliche Dienstleistungen
- Umfang einer Aktivität (Vgl. z. B. Werbeaufwand)
- Qualität des Inputs
- Einstellung der Belegschaft
- Schulung der Belegschaft
- Controlling

Schafft es das Unternehmen, dass seine Preise über den zusätzlich entstehenden Kosten für die Einmaligkeit liegen, wird es überdurchschnittlichen Gewinn machen. Diese Erkenntnis besagt aber auch, dass der Kostenfaktor zu keiner Zeit ausser Acht gelassen werden darf. Daher sollte es ein zweites Ziel für ein solches Unternehmens sein, trotz der Differenzierung Kostenparität zu den Wettbewerbern herzustellen.

Ein wichtiges Instrument, um die Kosten und die Einmaligkeit des Produktes zu bestimmen, ist das Modell der Wertkette, das von Porter entworfen wurde. Porter geht dabei davon aus, dass jedes Unternehmen aus einer Ansammlung von Tätigkeiten besteht, durch die das Produkt entstehe und vertrieben werde. Diese Tätigkeiten sind bei Porter in mehrere Kategorien unterteilt. Die erste Kategorie umfasst die Tätigkeiten in der Eingangslogistik. Hierbei geht es um den Empfang, die Lagerung und die Verteilung von Betriebsmitteln und Hilfsmitteln. Dann gibt es die Tätigkeiten der Produktion bzw. der «Umwandlung der Inputs in die endgültige Produktform», wie es Porter ausdrückt.

Daneben gibt es die Tätigkeiten der Ausgangslogistik, also alles, was mit der Lagerung und Verteilung des endgültigen Produkts zu tun hat, und Tätigkeiten in Marketing und Vertrieb, womit Tätigkeiten gemeint sind, die den Kunden dazu anregen sollen, das Produkt zu kaufen. Schliesslich gibt es noch Tätigkeiten im Kundendienst, bei denen das Produkt und die Erhaltung seines Werts, besonders für den Kunden, im Mittelpunkt stehen.

Es gibt verschiedene unterstützende Aktivitäten, die diese Tätigkeiten begleiten. Sie liegen in den Bereichen Beschaffung bzw. Einkauf, Technologiebereitstellung und -nutzung, Personalwirtschaft und der Infrastruktur des Unternehmens. Die untenstehende Abbildung verdeutlicht das Prinzip:

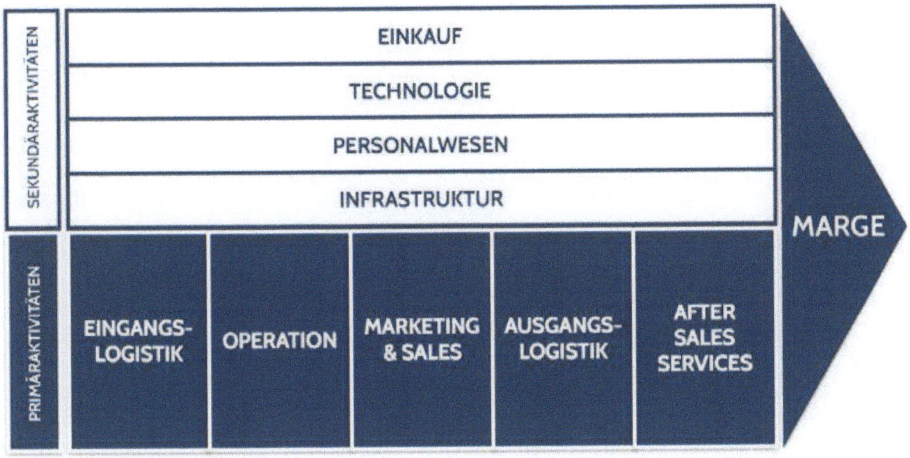

Abbildung 5: Porters Wertekette

Quelle: Eigene Darstellung, basierend auf Porter 1986, 1999, S.66.

Die oben gezeigten Kategorien sind die Bereiche, in denen Tätigkeiten verortet werden können, die für die Differenzierung des Angebots des Unternehmens wichtig sind und die dem Kunden einen Mehrwert bieten. Es gibt somit Tätigkeiten in den Bereichen Beschaffung, Technologiebereitstellung, Personalwirtschaft und Infrastruktur, welche die Aktivitäten im Bereich der Eingangslogistik spezifisch unterstützen.

Im Bereich der Beschaffung ist es beispielsweise wichtig, alle Betriebs- und Hilfsmittel, die für den täglichen Betrieb notwendig sind, in ausreichender Menge mit entsprechenden Reserven bereit zu halten. Einkäufe müssen frühzeitig geplant und rechtzeitig durchgeführt werden. Im Bereich der Technologiebereitstellung muss natürlich darauf geachtet werden, dass das Unternehmen die Geräte benutzt, die technisch auf dem neuesten Stand sind. Sie müssen besorgt und bereitgestellt werden.

Auch die Personalabteilung muss zusehen, dass sie das für den Betrieb geeignete Personal zur Verfügung stellt. Dieses muss qualifiziert sein, um verschiedene betriebliche Aufgaben erfüllen zu können. Zudem muss das Personal rechtzeitig eingestellt und gegebenenfalls eingearbeitet werden. In Sachen Infrastruktur muss nicht nur zugesehen werden, dass alle Prozesse der Geschäftsführung und des Back Office durchgeführt werden; es muss auch dafür gesorgt werden, dass die Kunden und die Berater dank eines reibungslosen technischen Umfelds problemlos miteinander kommunizieren können, um nur ein Beispiel zu geben. Funktioniert dieses Zusammenwirken, werden die kostenerzeugenden Tätigkeiten und die gewinnbringenden Tätigkeiten zusammen einen Profit generieren, der in der obigen Abbildung als Marge gekennzeichnet ist.

Natürlich ist es genauso möglich, die einzelnen Tätigkeiten noch einmal aufzuteilen, und so ein klareres Bild zu gewinnen, was getan werden muss, und um gegebenenfalls Verantwortlichkeiten zu verteilen. Eine mögliche Aufteilung wird in der folgenden Illustration dargestellt.

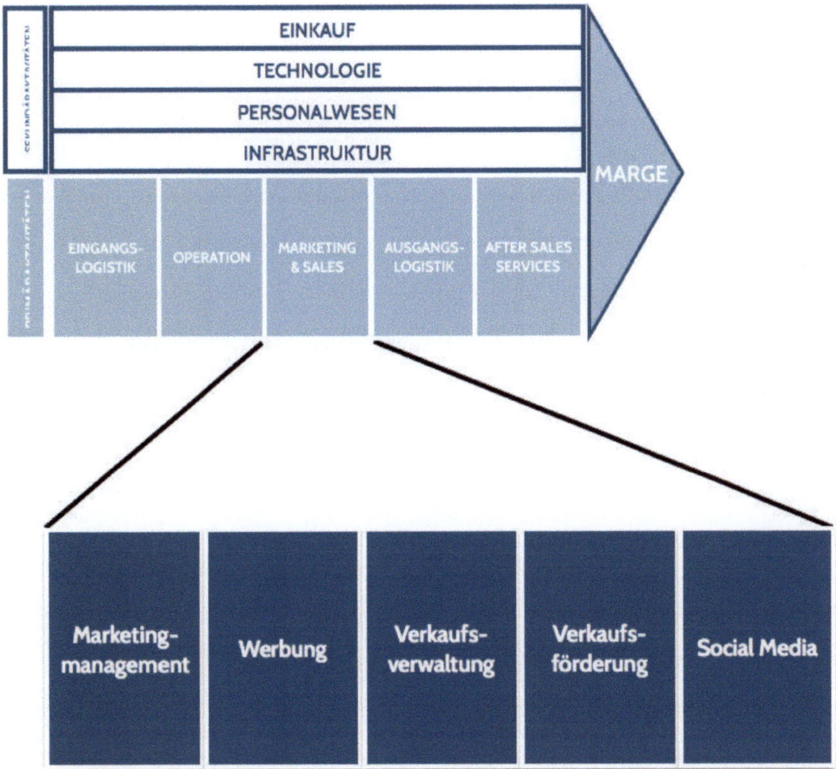

Abbildung 6: Porters Wertekette (Vgl. Detail)

Quelle: Eigene Darstellung, basierend auf Porter 1986, 199, S.78

Auf die genaue Anwendung der Wertkette zur Definition eines Wettbewerbsvorteils wird in Kapitel 9.3 eingegangen.

3 Marktanalyse

3.1 Fitnessbranche

Die Fitnessbranche zählt zu den Wachstumsbranchen in Europa. In Europa gehört die Schweiz zu den zehn Ländern mit dem grössten Wachstum. Das Wachstum wird von den drei grossen Ketten Activ Fitness (Migros), Update Fitness (Coop), dem Westschweizer Marktführer Let's Go Fitness sowie dem Franchise-Unternehmen Cleverfit angetrieben, die im Kampf um Marktanteile stark expandieren. Nach einer Studie von Deloitte sind Digitalisierung und Medien die Trends und Treiber der Branche, dazu kommen die makroökonomische Entwicklung, Produktangebote, Interessengruppen und Herausforderungen im Management.

Etwa eine Million Schweizer gehören einem Fitnessstudio an und somit fast jeder achte Schweizer. 2019 existierten in der Schweiz ca. 1200 Fitnessstudios, die einen geschätzten Umsatz von 1 Milliarde CHF erwirtschaften. In den letzten drei Jahren sind dabei etwa 330 neue Fitnessstudios entstanden. Damit bezahlen die Schweizer einen durchschnittlichen Beitrag von 1000 CHF pro Jahr für die Mitgliedschaft. Den grössten Marktanteil besitzt Activ Fitness (Migros) mit einem Anteil von etwa einem Viertel des Umsatzes, da die Migros stark expandiert hat und ihr rund 127 Studios gehören. «Auf die kleinen Betreiber entfallen schweizweit noch immer zwei Drittel der Fitnesszentren. Das Verhältnis beim Umsatz ist allerdings gerade umgekehrt.»

Die Studie des schweizerischen Fitness- und Gesundheitszentren Verbands (SFGV) stellt fest, dass der durchschnittliche Jahresbetrag in den vergangenen Jahren gesunken ist. Gleichzeitig werden die Vertragslaufzeiten kürzer. Insgesamt ist ein Trend zu flexiblen Angeboten, die den Bedürfnissen der Kunden entsprechen, erkennbar. Im Durchschnitt bieten Fitnessstudios vier verschiedene Vertragsmodelle an. Am häufigsten wird das 12-Monats-Angebot (etwa 66 %) genutzt.

3.2 New Marketing Mix

3.2.1 Alter und neuer Marketing-Mix

Eines der wichtigsten Werkzeuge im Marketing ist der Marketing-Mix, der in den 1950er Jahren von Neil Borden beschrieben wurde. Er besagt, dass gutes Marketing Aktivitäten in verschiedenen Bereichen umfasst. Er fand für diese Bereiche Begriffe, die im Englischen mit «p» beginnen und als die «4 Ps» in die Marketingliteratur Einzug gefunden haben. Es handelt sich um die Begriffe «product», «place», «price» und «promotion», also um das Produkt, den Platz, wo es angeboten wird, seinen Preis und die Werbung, die dafür gemacht wird. Dieser Mix ist seitdem ergänzt und an moderne Entwicklungen angepasst worden. Dennoch ist er immer noch ein sehr aussagekräftiges, grundlegendes Instrument.

In den 1990er Jahren hat Robert Lauterborn diese Punkte umformuliert und eine Perspektive eingeführt, welche die Wünsche und Ansprüche des Kunden berücksichtigt. Diese Kategorien sind «consumer», «cost», «convenience» und «communication», also der Kunde, die Kosten des Kunden, Annehmlichkeit und Kommunikation.

Lauterborn stellte fest, dass eine Firma nur die Produkte verkaufen kann, welche die Konsumenten wollen oder brauchen. Daher müsse jedes Unternehmen genaue Studien betreiben, was die Wünsche der Konsumenten angehe. Die Erfüllung der Wünsche des Kunden macht einen wichtigen Teil des Geschäftserfolgs aus. Studien darüber sind durch digitale Kampagnen und die sozialen Medien sehr viel einfacher geworden. Es ist nicht nur möglich, Testgruppen wie die «connector moms» einzubinden, die ihre Erfahrungen unmittelbar und mit einer grossen Reichweite weitergeben. Es ist auch möglich, durch die sozialen Medien einen direkten Dialog mit den Konsumenten aufzubauen, in dem Feedback und Wünsche direkt vom Verbraucher an die Firma weitergegeben werden.

3.2.2 Convenience (Place)

Laut Lauterborn sollte der erste Punkt, «convenience», also die Annehmlichkeit, die Kategorie «place», den Verkaufsort, ersetzen. Dank Internet-Shops und immer zahlreicheren Katalogen kann ein Verbraucher heutzutage wann immer und wo immer eine Kaufentscheidung fällen und umsetzen. Die Annehmlichkeit bezieht sich dabei unter anderem darauf, wie einfach es ist, das Produkt zu bestellen, das Produkt zu finden oder Informationen über das Produkt zu bekommen. Bei einem Dienstleister geht es vielmehr darum, dass die angebotenen Dienste der «convenience» des Kunden dienen. Auf die Zielgruppe fokussiertes Marketing kann gerade in Hinsicht auf die letzten beiden Punkte einen wesentlichen Vorteil bieten. Durch Experten oder gut unterrichtete Fans kann das Wissen über das Produkt schnell verbreitet werden.

3.2.3 Communication (Promotion)

Lauterborn beschreibt, dass «Promotion» manipulativ sei, während «communication» auf eine Kooperation mit dem Verbraucher abziele. Es ist das Wesen des Word of Mouth-Marketing, diese Kommunikation herzustellen. Dabei funktioniert die Kommunikation nicht direkt von der Firma zum Kunden, sondern von Konsumenten zu Konsumenten, so dass Informationen zielgerichteter und effektiver verbreitet werden. Dabei sinkt die Glaubwürdigkeit der Botschaft, wenn sie von offensichtlich manipulativem Charakter ist.

Diese Beobachtungen unterscheiden sich nicht sehr von den Dingen, die ein Dienstleister beachten muss. Dabei ist u.a. Folgendes hervorzuheben:

- Bildung von Reputationskapital
- Aufbau / Pflege der Stakeholder Beziehungen
- Aufbau / Pflege der Kundenbeziehungen

3.2.4 Cost (Price)

Unter diesem Punkt sind die gesamten Kosten erfasst, die für einen Konsumenten anfallen, um ein Produkt zu besitzen. Dies sind unter anderem die Kosten, die es benötigt, um das Produkt zu erhalten. Auch Service-Leistungen nach dem Kauf fallen darunter. Die Präsenz im Internet und bei den sozialen Medien können für den Kunden eine wesentliche Einsparung bedeuten, wenn es darum geht, sich Informationen über ein Produkt zu verschaffen. Diese Informationen werden auf vielen Kanälen kostenfrei und zeitnah an den Kunden herangetragen. Sind sie glaubwürdig und effektiv vorgetragen worden, können sie bereits eine Kaufentscheidung beeinflussen. Auch die Information, dass es einfach und wenig zeitraubend ist, Service-Leistungen der Firma in Anspruch zu nehmen, kann — und wird — so weitergetragen. Auch hier kann ein Wettbewerbsvorteil liegen.

Betrachtet man in diesem Zusammenhang die portersche Ausgangslogistik als den Punkt, an dem es gelingen muss, den Kunden abschliessend zufrieden zu stellen, dann bedeutet dies für den Dienstleister, hier noch einmal die wichtigsten Vorteile seines Unternehmens in das Gedächtnis zu rufen. Dies geschieht in einem Fitnessstudio u.a. durch:

- Mehrwert
- Qualität von Geräten und Personal
- Perks (Vergünstigungen od. finanzielle Anreize)
- Ambiente

3.2.5 Consumer (Product)

Lauterborn stellte fest, dass eine Firma nur die Produkte verkaufen kann, welche die Konsumenten wollen oder brauchen. Daher müsse eine Firma genaue Studien betreiben, was die Wünsche der Konsumenten angehe. Es ist beispielsweise möglich, durch die sozialen Medien einen direkten Dialog mit den Konsumenten aufzubauen, in dem Feedback und Wünsche direkt vom Verbraucher an die Firma weitergegeben werden.

Zusammengefasst geht es somit um:

- Kundenkontakt und Kundenzufriedenheit
- Reaktion auf Kundenwünsche
- erweiterte und qualifizierte Beratung

4 Unternehmensanalyse

4.1 Kennzahlen

Der Anbieter aus unserem Fallbeispiel betreibt sechs Fitnesscenter in der Schweiz, von denen ein Studio spezielle Angebote für Frauen besitzt. Damit gehört das Unternehmen zu den mittelgrossen Anbietern in der Schweiz. Die Studios blicken auf eine lange Tradition zurück, sie bestehen teils seit den 1980er Jahren. Der Kundenstamm besteht aus fitnessbegeisterten Menschen und besonders gesundheitsbewusste Freizeitsportler aller Altersklassen. Das Unternehmen steht für eine familiäre Atmosphäre und kompetente Betreuung.

Das Trainingsangebot ist abwechslungsreich und umfasst modernste Fitnessgeräte, ein attraktives Kursangebot sowie einen grossen Freihantelbereich mit Hanteln bis 60 kg. Hervorgehoben werden die familiäre Atmosphäre und die Betreuung. Die Studios sind im mittleren Preissegment mit einem Jahresbeitrag von 890 CHF angesiedelt.

4.1.1 Kosten

Die Kosten eines Fitnessstudios sind nicht gering. Insgesamt werden für die Mietzahlungen rund 16,7% des Jahresumsatzes aufgewendet. Jedes Schweizer Fitnessunternehmen verfügt durchschnittlich über 21,9 Mitarbeiter. Dies entspricht rund 42% des Jahresumsatzes bzw. einem Aufwand pro Mitarbeiter von 18'950 Franken im Jahr. Durchschnittlich haben 64,4 % der Mitarbeiter eine Teilzeitbeschäftigung, die unter 50 % liegt. Der Anteil von Mitarbeitern, die zwischen 50 bis 100 % beschäftigt sind liegt bei 29,2 %. Etwa ein Drittel der Betriebe bietet Ausbildungs- oder Praktikantenstellen an. Die Ausbildung zur Fachfrau/Fachmann Bewegungs- und Gesundheitsförderung ist seit 2012 als Lehrberuf in der Schweiz anerkannt. Das Personal in Fitnessstudios füllt folgende Aufgabenbereiche aus:

- Geschäftsführer
- Bereichsleiter
- Trainer
- Kursleiter
- Servicekräfte (für Empfang, Rezeption)

Die Fitnessstudios geben durchschnittlich 5,5 % vom Umsatz für Marketing aus.

4.1.2 Bereiche

Die anteilsmässig grösste Gruppe an Fitnesscentern (38,5 %) weist pro Center Flächen zwischen 500 bis 1000 Quadratmeter auf. Weitere 22.1 % sind zwischen 1000 und 1500 Quadratmeter gross. Die Flächenaufteilung kann auf einzelne Bereiche heruntergebrochen werden. Die folgende Tabelle zeigt die durchschnittliche Verteilung der Flächen auf die Bereiche und die Veränderung seit 2011.

Tabelle 1: Flächenanteile in Fitnessstudios

Verteilung der Fläche auf einzelne Bereiche	2014	2016	2018	Veränderung von 2014-2018 in %
Krafttraining in m^2	374	351	361	-3,48
Cardio in m^2	153	146	130	-15,03
Kursräume in m^2	199	136	120	-39,70
Tennis / Squash / Badminton in m^2	k.A.	177	139	-21,47
Wellness in m^2	378	147	188	-50,26
Gastronomie in m^2	49	61	40	-18,37
Physio in m^2	65	39	24,8	-61,85

Arztpraxis in m^2	k.A.	k.A.	4,5	
Kinderbetreuung in m^2	48	37	19,7	-58,96

Quelle: Eigene Darstellung

Krafttraining und Cardio sind die grössten Bereiche und heute Standard in Fitnessstudios, daher hat sich der Anteil von 2014 bis 2018 nicht wesentlich verändert. Weitere Angebote, wie Kurse und Wellness haben sich verkleinert. Wobei zwischen 85 % bis 89 % der Fitnessstudios eigene Kurs- und Wellness-Angebote besitzen.

Der Bereich Gastronomie wird von jedem dritten Unternehmen zur Verfügung gestellt. Daher scheint dieser Bereich bei der Betrachtung insgesamt nur einen kleinen Anteil auszumachen. Jedoch bei den Studios, die eine Gastronomie als Kommunikations- und Kontaktzentrum betreiben, beträgt die Fläche um die 100 Quadratmeter. Das Betreiben einer Gastronomie wird, laut der Studie des schweizerischen Fitness- und Gesundheitscenter Verbands (SFGV), als Möglichkeit zur Kundenbindung herangezogen.

Einige Studios bilden Kooperationen mit Massage-, Physiotherapie- und Arztpraxen und erhöhen so ihr Serviceangebot. Der Bereich, der wirklich an Fläche verliert, ist die Kinderbetreuung. Hier schreiben Würtenberger et al.: «Deutlich rückläufig ist das Angebot in Bezug auf eine Kinderbetreuung. Waren es 2014 noch 72%, die angaben, über eine Kinderbetreuung zu verfügen, so ist es 2018 nur noch knapp die Hälfte der Befragten.»

4.1.3 Einnahmen

Die Zusatzeinnahmen und Services, die berechnet werden, tragen durchschnittlich wie folgt zum Jahresumsatz bei:

- Physiotherapie 29,8 %
- Gastronomie 10,8 %

- Massage 6,3 %
- Solarium 1,6 %
- Sonstiges 9,9 %

4.1.4 Verwaltung

Das meiste Personal ist dabei als Kursleiter beschäftigt (ø 13 Mitarbeiter). Etwa zwei Drittel des Personals sind weiblich. Der Altersdurchschnitt beim Personal liegt bei 35,9 Jahren. Bei der Qualifikation der Mitarbeiter kann zwischen einer staatlich anerkannten Ausbildung und einer branchenorientierten Ausbildung unterschieden werden. Die staatlich anerkannten Ausbildungen sind: Sportlehrer, Sportwissenschaftler, Physiotherapeut und der Fitnessinstruktor mit eidgenössischem Fachausweis. Über eine branchenorientierte Berufsausbildung verfügen Fitnessbetreuer, Wellnesstrainer, Gymnastiklehrer und Personaltrainer. In den Betrieben arbeiten durchschnittlich 5,3 Mitarbeiter mit einer staatlich anerkannten Ausbildung und 10,7 Mitarbeiter mit einer branchenorientierten Ausbildung. Die meisten Weiterbildungen und Schulungen finden im Bereich Trainingslehre statt.

4.1.5 Demografie

Das Durchschnittsalter der Kunden in Fitnesscentern nimmt analog zu der demografischen Entwicklung zu. Die typische Verteilung sieht wie folgt aus:

- < 20 Jahre: 7,8 %
- 20 bis 29 Jahre: 17,1 %
- 30 bis 39 Jahre: 20,2 %
- 40 bis 49 Jahre: 19,8 %
- 50 bis 59 Jahre: 18,4 %
- 60 Jahre und mehr: 16,8 %

Damit ist mehr als die Hälfte der Kunden bereits jetzt über 40 Jahre alt. Durch die demografische Entwicklung unserer Gesellschaft nimmt der Anteil der über 60 Jahre alten Personen immer mehr zu. Diese Kundschaft sucht eine Fachberatung und Betreuung und wird sich eher für ein Fitnesscenter mit hohem Qualitätsanspruch entscheiden. Die Vorteile dieser älteren Klientel sind bedeutend, da sie ein hohes Gesundheitsbewusstsein mitbringen. Durch sie gewinnt das Unternehmen eine längere Kundenbindung an Kunden mit höherer Kaufkraft.

4.1.6 SWOT – Situationsanalyse

Um eine zielorientierte Marketingstrategie zu konzipieren, sind verschiedene Analysen (z.B. SWOT – Analyse, Coinjoint-Analyse) erforderlich, die sich auf das Unternehmen und seine Umwelt sowie insbesondere auf die Kundenbedürfnisse und –Zufriedenheit beziehen. Es muss erst genau geklärt werden, wo das Unternehmen steht, bevor man sich damit in eine neue strategische Richtung bewegt.

In den letzten Jahren hat sich die SWOT - Analyse immer breiterer Beliebtheit erfreut. Dieses Modell wird nicht nur zur Situationsanalyse des eigenen Unternehmens eingesetzt, sondern auch um kurz und übersichtlich die Stärken und Schwächen der Mitbewerber aufzuzeigen.
Um die Analyse übersichtlich zu gestalten, arbeitet man in der Regel mit einem SWOT-Kreuz, dass sich wie unten dargestellt, in vier grosse Felder unterteilt. Alle Faktoren der SWOT werden stichwortartig in den vier Feldern erfasst und anschliessend priorisiert.

SWOT		Interne Analyse	
		Stärken	**Schwächen**
Externe Analyse	**Chancen**	Aus welchen Stärken ergeben sich neue Chancen?	Schwächen eliminieren um neue Chancen zu nutzen
	Risiken	Welche Stärken minimieren Risiken?	Verteidigungsstrategie damit Schwächen nicht zu Risiken werden

Abbildung 7: SWOT-Analyse

Quelle: Eigene Darstellung

Eine SWOT- Analyse berücksichtigt zum einen die Stärken (strengths) und Schwächen (weaknesses), zum anderen die Chancen (opportunities) und Risiken (threats) eines Unternehmens. Eine SWOT- Analyse wird üblicherweise von Unternehmen eingesetzt, um eine integrierte Betrachtung der zentralen Unternehmens- und Umweltfaktoren (Mikro- und Maktroumwelt) vorzunehmen. Dabei bezieht sich die Chancen/ -Risiken-Analyse auf die externen, also nicht unternehmensbezogenen Faktoren. Es gilt dabei schwer vorhersehbare Ereignisse einzuschätzen.

Ist der Analyseteil soweit fertiggestellt, kann die SWOT die weitere Strategiearbeit gut unterstützen.

Als Alternative zur SWOT- Analyse ist die Coinjoint-Analyse darauf ausgerichtet, die Elemente einer Dienstleistung zu definieren, die aus der Perspektive der Kunden einen zentralen Beitrag zur Erzeugung des Kundennutzens liefern. Diese Methode unterstreicht, dass sich die Dienstleistungsqualität bzw. der Gesamtnutzen für den Kunden additiv aus dem Nutzen der einzelnen Elemente bzw. Qualitätsdimensionen zusammensetzt. Diese Methode eignet sich vor allem im Hinblick auf die Optimierung der Dienstleistungen. Die Kundenzufriedenheit, die letztlich die Erfüllung der Kundenbedürfnisse widerspiegelt, lässt sich vor allem mit Befragungen ermitteln, wobei diesbezüglich quantitative (z.B. mittels Fragebogen) und qualitative Methoden (z.B. Interviews mit Kunden) eingesetzt werden.

5 Wettbewerbsanalyse

5.1 Ausrichtung qualitativer Anbieter

Fitnessunternehmen werden wie folgt definiert: Orte mit «Kraft- und Ausdauertraining mit Geräten als Basisangebot sowie Gruppenkursen. In vielen Fällen ergänzt durch weitere Dienstleistungen wie Physiotherapie, Gruppenfitness, Erholungsangebote.» (Würtenberger et al., 2015, S. 11). Bei Fitnessunternehmen ist zwischen verschiedenen Angeboten zu unterscheiden. Die Angebote lassen sich hauptsächlich in klassische Fitnessunternehmen und in neuere Multifunktions-Unternehmen unterteilen. Zum anderen dient auch eine geschlechtsspezifische Nutzung zur Unterscheidung. In der Schweiz sind 92,4 % der Fitnessunternehmen gemischt genutzt, 2.9 % sind Fitnessstudios exklusiv für Damen und lediglich 2,9 % sind Multifunktions-Anlagen. (Vgl. Würtenberger et al., 2015, S. 11). Damit ist der grösste Anteil der Schweizer Fitnessunternehmen als gemischte Fitnessunternehmen aufgestellt. Weitere Orientierungen bzw. Spezialisierungen finden in folgender Hinsicht statt:

- Gesundheits- und Medizin(52,4 %)
- Krafttraining (48,5 %)
- Ausdauertraining (32,5 %)
- Kurse (24,8 %)

- Wellness (16,2 %)
- Sonstige Orientierung (9,5 %)

26,7 % der Unternehmen gaben an, keine spezielle Ausrichtung zu verfolgen. Die genannten Werte ergeben sich durch die Möglichkeit der Mehrfachnennung. Der Trend in Fitnessstudios geht zu einer klaren Positionierung. Diese orientiert sich in erster Linie an den Präferenzen der Zielgruppe. Der Wert für die Kategorie «Keine spezielle Ausrichtung« ist in den vergangenen Jahren von 30 % auf 26,7 % gesunken. Die Ausrichtung auf Kurse in dieser Zeit um mehr als 10 % zugenommen. Ein Grund wird in der Verbindung zwischen Gruppentraining – Kundenbindung – Kursleiter als Erfolgsfaktor gesehen (Vgl. Würtenberger et al., 2015, S. 13).

5.2 Discounter

Der schweizerische Fitness- und Gesundheitscenter Verband schreibt: «Mit dem starken Markteintritt von Discountern und 24-Stunden-Betrieben wird die eigene Marktpositionierung immer wichtiger.» Eine Möglichkeit der Positionierung gegenüber den Discountern ist das Qualitätslabel «Fitness Guide», das die wichtigsten Dienstleistungen prüft und dafür ein Zertifikat vergibt (Vgl. Würtenberger et al., 2015, S. 18).

Fitnesskonzepte der Discounter konzentrieren sich auf wenige Angebote: So bietet das Fitnesskonzept von Only Fitness (Migros) keine Wellness-Angebote, sondern nur Trainingsangebote, darunter auch Fitness-Kurse. Das Jahresabonnement bei Only Fitness kostet 499 CHF pro Jahr (Vgl. Only Fitness, 2018, o. S.).

5.3 Konkurrenzanalyse

Wie bereits in Kapital 4.1.6 erwähnt, kann die SWOT-Analyse auch als Tool zur Konkurrenzanalyse eingesetzt werden.
Informationen zu der strategischen Ausrichtung und der Marketingstrategie der

eigenen Mitbewerber können verwendet werden, um eigene Strategien zu entwickeln oder bestehende Strategien und Systeme zu optimieren.

Eine Wettbewerbsanalyse kann auch genutzt werden, um die eigene Positionierung am Markt zu analysieren. Nicht selten sind Unternehmen vom eigenen Angebot und ihren Preise überzeugt, obwohl diese bereits nicht mehr konkurrenzfähig oder innovativ genug sind. Anhand der Ergebnisse der Wettbewerbsanalyse können auch auf Angebotsebene Optimierungen vorgenommen und anschliessend dem Markt kommuniziert werden.

Hierbei gilt es die Anzahl Wettbewerber einzugrenzen. Wichtig sind bei der Aufzählung nicht nur die bekannten Unternehmen. Eine Recherche im Internet kann dabei helfen, auch weitere potentielle Konkurrenten zu ermitteln.

6 Analyse & Definition der Zielgruppe

6.1 Kundenbefragung

Eine wichtige Grundlage für die Erstellung der Strategie besteht darin, die Wünsche und Bedürfnisse der Kunden in Erfahrung zu bringen. Dazu kann mit Hilfe einer geeigneten Plattform (z.B. umfrageonline.com) eine Umfrage unter allen Kunden durchgeführt werden. Eine möglichst grosse Anzahl an Fragebogen sollen vollständig ausgeführt und anschliessend ausgewertet werden, damit die Kundenbefragung repräsentativ ist. Das Muster eines geeigneten Fragebogens mit entsprechender Fragestellung findet sich im Anhang dieses Buches.

Am Beispiel unseres Unternehmens stehen nach Auswertung der Antworten aus der ersten Kundenbefragung die sechs höchsten Korrelationskoeffizienten in einem klaren Zusammenhang miteinander (vgl. Abbildung 9). Sie betreffen die Gründe, warum Kunden schon einmal erwogen haben, das Studio zu wechseln. Vier Gründe wurden dabei in deutlicher Abhängigkeit voneinander genannt. Dabei zeigt sich, dass ein Kunde, der angegeben hat, schon einmal einen Wechsel erwogen zu haben, mit ähnlich grosser Wahrscheinlichkeit irgendeine Paarung der Gründe angegeben hat. Hat ein Kunde zum Beispiel «Ambiente» als Grund genannt, gibt es keine Tendenz, auch das Studio zu nennen, um ein Beispiel zu geben. Stattdessen ist die Korrelation mit den drei verbliebenen Werten beliebig. Aufgrund dieser Beliebigkeit sind die Korrelationen nicht aussagekräftig, da sie anzeigen, dass diejenigen, die eventuell unzufrieden sind, mit allem unzufrieden sind. Interessant ist jedoch die Beobachtung, dass der Grund «Preis» hier nicht auftaucht.

Die Gründe und die dazugehörigen Korrelationskoeffizienten sind in der folgenden Grafik abgebildet.

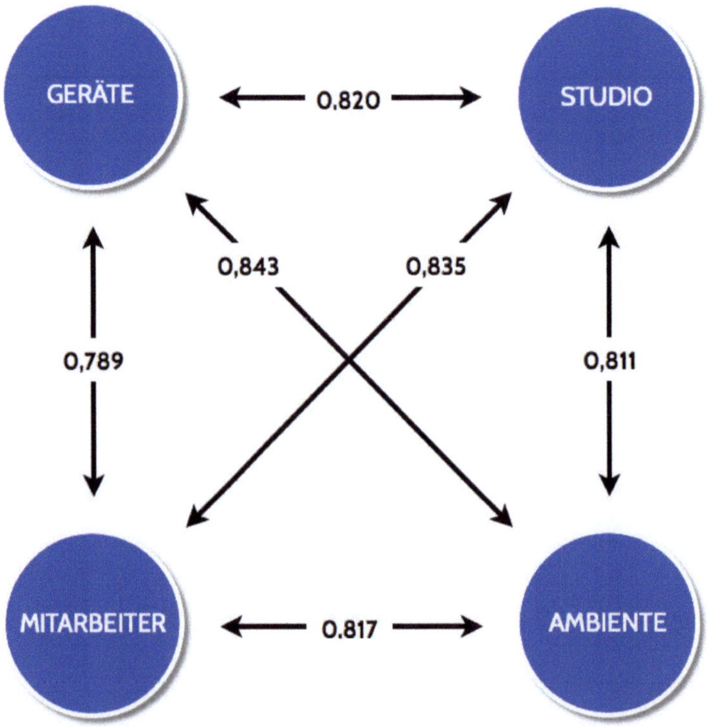

Abbildung 8: Stärkste Korrelationen

Quelle: Eigene Darstellung

Aus der Kundenbefragung (Vgl. Fragebogen im Anhang) und anschliessender Auswertung lassen sich am Beispiel unseres Unternehmens bereits erste Aussagen treffen:

- Die Gründe für den Besuch der Kunden variieren zwischen den Studios.
- Es ist nötig, unterschiedliche Nischen zu definieren.
- Das Angebot muss demographischen Gegebenheiten angepasst werden.
- Die Studios müssen Trainingsangebote machen, welche die Bedürfnisse der jeweiligen Klientel berücksichtigen.
- Das Ambiente und das Auftreten der Mitarbeiter sind wichtige Erfolgsfaktoren.
- Das Ambiente muss stimmig, aufgelockert und überschaubar sein.
- Die Mitarbeitenden müssen gut geschult sein.
- Bei den Geräten sind Sauberkeit und Nutzbarkeit vorrangig.

6.2 Das Motiv- und Emotionssystem der Kunden

Die Erkenntnisse des Neuromarketing haben bei der Positionierung eines Unternehmens eine besondere Bedeutung. Dabei geht es jedoch nicht um die üblichen Techniken des Marketings. Im Neuromarketing werden positive Emotionen genutzt, die mit dem Angebot und der Dienstleistung verknüpft werden. Auch Fitnessmarketing beruht auf der emotionalen Verbindung zur Zielgruppe, sodass Neuromarketing die Position im lokalen Markt eines Fitnessstudios stärken kann.

Aus Unternehmenssicht wird ein geldwerter Mehrwert beim Kunden durch Neuromarketing erzeugt, wenn durch das Verstehen der Funktion des menschlichen Gehirns, potenzielle Kunden identifiziert und erreicht werden. Die Erkenntnisse über den Zustand des Kunden bilden die Bedürfnisse des Kunden ab, und sie zeigen, in welchem Grad die Bedürfnisse des Kunden bereits erfüllt wurden. Laut Zitat des deutschen Psychologen Benny Briesenmeister wird die Wertschöpfung durch das Neuromarketing dann erfüllt, wenn folgendes zusammenkommt: „ein Kunde, der dazu neigt, ein bestimmtes Bedürfnis zu haben, das Marketing, das dieses Bedürfnis anspricht, verstärkt, vielleicht sogar weckt, und das Produkt, das es befriedigt.»

Das Neuromarketing wird als Schnittstelle zwischen den Kognitionswissenschaften den Neurowissenschaften und der Ökonomie gesehen. Dabei bilden das Marketing und die Marktforschung eine Unterkategorie zwischen Ökonomie und Neurowissenschaften.

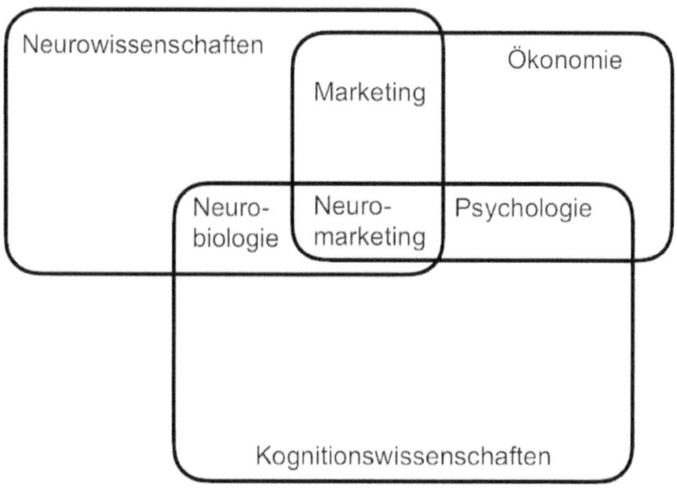

Abbildung 9: Neuromarketing als Schnittstelle verschiedener Wissenschaften

Quelle: Eigene Darstellung in Anlehnung an Schreier und Held, 2012a, S. 4

Die Hirnforschung gewinnt immer mehr Erkenntnisse darüber, wie das menschliche Gehirn funktioniert.

Mit den Erkenntnissen der Neurowissenschaften sind viele Sichtweisen, wie die des rational handelnden homo oeconomicus, widerlegt worden. Im Gegensatz zu dem

Modell des rational handelnden Menschen unterscheidet die aktuelle Forschung zwischen Handlungen, die von dem expliziten und impliziten System gesteuert werden.

Die Autoren Schreier und Held haben dafür den Begriff Pilot und Autopilot geprägt. Der Pilot steht für das reflektierte Verhalten und die Verarbeitung von Fakten, das bewusste Denken und die Vernunft. Die bewusste Kommunikation erfolgt meistens über die Sprache, die daher auch für den Piloten steht. Der Autopilot hingegen zeichnet sich durch spontanes Verhalten aus.

Die Forschung zeigt, dass sehr viele Verhaltensweisen der Kunden vom sogenannten Autopiloten bestimmt werden. Das Gehirn nutzt daher den Piloten, wenn es um komplizierte Prozesse geht, bei denen Informationen reflektiert werden müssen, eine Analyse durchgeführt werden muss oder etwas berechnet werden muss. Die Verarbeitungsprozesse im Piloten sind reflektiert, da sie auf bewussten Emotionen beruhen. Dadurch können sie zum einen kontrolliert werden und zum anderen kann auf Veränderungen leichter reagiert werden.

Die unbewussten Prozesse nimmt der Pilot dagegen nicht wahr. Die Abläufe, die zur Entscheidung führen sind unbewusst, da jedoch das Pilot-System des Kunden eine Begründung benötigt, wird eine logische und nachvollziehbare Erklärung erfunden.

Kaufentscheidungen werden somit ausgelöst, weil ein möglicher Kunde unbewusst ein Defizit wahrnimmt, dass er/sie vermeiden will, und so die Entscheidung trifft, ein Produkt oder eine Dienstleistung zu kaufen.

Eine andere Form der Bedürfnisbefriedigung wird durch die momentane Verfassung des Kunden ausgelöst und durch den Konsum bestimmter Produkte oder Dienstleistungen manifestiert. Diese gleichen dann ein kurzfristiges Defizit bei den Motiven des Kunden aus. Am Beispiel eines Fitnessstudios stehen sicherlich Kunden, die eine Mitgliedschaft lösen, um nach den Weihnachtsfeiertagen Gewicht abzutrainieren. Sie wollen daher ein kurzfristiges Ungleichgewicht ausgleichen. Ein Mitglied, das auf einen gut definierten Körper Wert legt und die Mitgliedschaft in einem Fitnessstudio als Statement über sich selbst versteht, wird durch die Mitgliedschaft langfristig seine emotionalen Sollwerte stabil halten.

Neben den Grundbedürfnissen beeinflussen also die Emotionen und unbewusste Motive die Handlungen eines Menschen am stärksten. Häusel hat die sogenannte «Limbic Map» entwickelt, um die Emotionen und Motive des Menschen darauf zu identifizieren. Das System baut auf dem «Züricher Modell der sozialen Motivation» von Bischof auf und arbeitet mit den drei Grundmotiven Sicherheit, Erregung und Autonomie. Häusel bezeichnet die Kombination aus Emotions- und Motivsystem im Gehirn des Kunden als Stimulanz-, Dominanz- und Balance-System. Mit diesem System ist es möglich, Positionierungen zu erarbeiten, Angebote zu optimieren und Zielgruppen zu segmentieren und diese direkt anzusprechen.

Die folgende Abbildung zeigt dieses System:

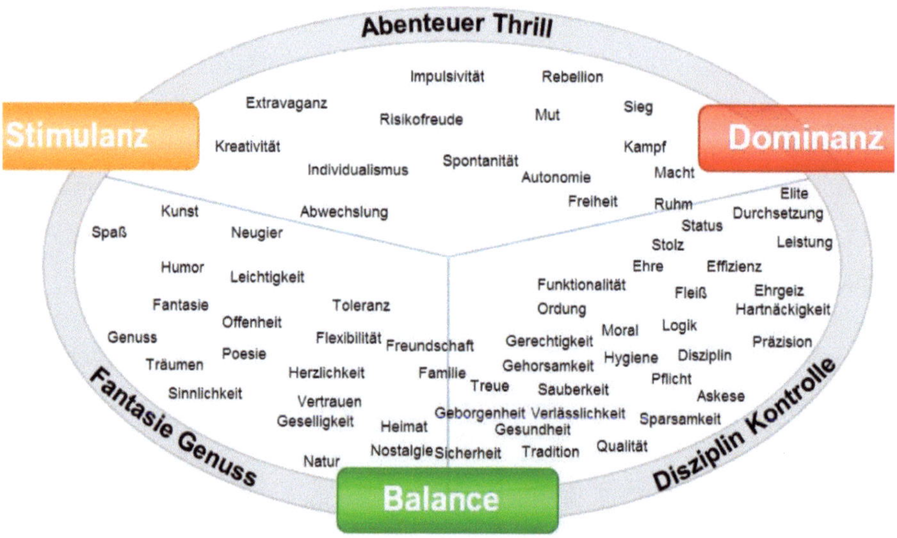

Abbildung 10: Motiv- und Emotionssystem "Limbic Map"

Quelle: Häusel, 2012, S. 80

Die ersten Lebensjahre entscheiden über die Grundmotive des Menschen. Im weiteren Verlauf des Lebens werden durch Erfahrungen die Stärke der Motive und die Ausprägung der Motive beeinflusst.

Hinter dem Begriff Balance steht das Motiv der Sicherheit. Menschen, bei denen dieses Grundmotiv vorrangig ist, Streben nach Vertrautheit, Anschluss und Geborgenheit. Weitere Aspekte sind zum Beispiel Fürsorge und Familie.

Menschen mit dem Motiv Erregung bzw. Stimulanz streben nach Neuem, Abwechslung und Veränderung. Sie haben einen hohen Spieltrieb und suchen die Herausforderung. Das Grundmotiv der Autonomie ist mit Dominanz gleichzusetzen. Die Menschen mit dieser Anlage streben nach Macht, Geltung und Leistung. Sie weisen einen hohen Selbstwert auf, was sich auch darin zeigt, dass sie gerne die Führung übernehmen.

Die Motive steuern also das Verhalten, wobei die Emotionen meist der Auslöser für die Motive sind. Die Motive sind in allen Menschen mit unterschiedlicher Ausprägung vorhanden. Neben den Motiven, die markant für die Persönlichkeit sind, gibt es auch noch situationsabhängige Motive und Befindlichkeiten. Beides muss im Marketing beachtet werden. Die Dienstleistung eines Fitnessstudios hat einerseits die Funktion die langfristigen Motive zu bedienen und zum anderen das Gleichgewicht wiederherzustellen, wenn die Motive des Kunden nicht mehr im Einklang sind. Die folgende Abbildung zeigt die Einordnung der verschiedenen Angebote eines Fitnessstudios in der Limbic Map.

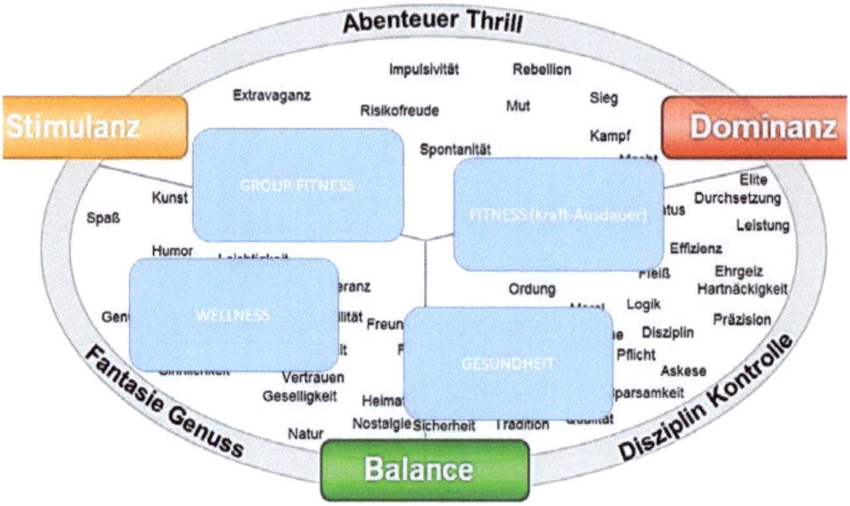

Abbildung 11: Einordnung der Angebote des Fitnessstudios in der Limbic Map

Quelle: Eigene Darstellung, in Anlehnung an Häusel, 2012, S. 80

Die Abbildung zeigt, dass durch die Leistungen unterschiedliche Motive und Emotionen im limbischen System angesprochen werden. Der Bereich Fitness wird dem Motiv Dominanz zugeordnet. Der Kunde möchte Autonomie und richtet sein Trainingsprogramm auf Leistung und Kontrolle der Leistungen aus. Das Dominanz-System dient bei Männern zum Beispiel dazu, durch Kraft und Potenz mögliche Konkurrenten zu verdrängen. Gutes Aussehen und ein definierter Körper erhöhen die Attraktivität bei Frauen. Die Männer werden so auch als erfolgreicher wahrgenommen. Fitness wird daher mit Stärke, Überlegenheit und Kraft gleichgesetzt. Fitnessstudios symbolisieren den Kampf gegen die Widrigkeiten des Lebens und fallen daher in das gleiche Motiv- und Emotionssystem. Dagegen ist das Motiv der Gesundheit im Bereich zwischen Balance und Dominanz angeordnet, da hier Sorgen und Ängste als Motiv assoziiert werden können. Zugleich wird aber auch durch Wirksamkeit und Effizienz ein gutes Ergebnis für die Gesundheit erzielt.

6.3 Bestimmung von Zielgruppe und Angebot

Bei der Bestimmung von Zielgruppen steht das Balance-System für risikoscheue Personen. Die Produkte müssen Sicherheit suggerieren, d. h. zum Beispiel vor Krankheiten schützen. Risikoscheue Kunden mögen Produkte mit Tradition und Ratgeber, sowie Garantien, Versicherungen und das Qualitätsversprechen. Das System zeigt zudem die Werte, die diesen Personen zugeordnet werden können. Werte, so die Sozialpsychologie, sind Standards an denen eigenes oder fremdes Verhalten gemessen wird. Dem Balance-System werden Werte, wie Sicherheit, Freundschaft, Familie, Gesundheit, Geborgenheit und Treue zugeordnet.

Ein weiterer Schritt ist es, die neuro-biologischen Eigenschaften von Menschen mit deren Konsumverhalten, Einstellungen und Präferenzen zu verknüpfen, um diese in die Strategie für Marketingaktivitäten einzuplanen. Dazu entwickelte Häusel die sieben sogenannte Limbic Types, welche die Kundensegmente bilden:

- «Harmonisierer: Hohe Sozial- und Familienorientierung; geringere Aufstiegs- und Statusorientierung»
- «Geniesser: Offenheit für Neues, Freude am sinnlichen Genuss»
- «Hedonisten: Aktive Suche nach Neuem, hoher Individualismus, hohe Spontaneität»
- «Abenteurer: Hohe Risikobereitschaft, geringe Impulskontrolle»
- «Performer: Hohe Leistungsorientierung, Ehrgeiz, hohe Statusorientierung»
- «Disziplinierte: Hohes Pflichtbewusstsein, geringe Konsumlust»
- «Traditionalisten: Geringe Zukunftsorientierung, Wunsch nach Ordnung und Sicherheit»

Die folgende Abbildung zeigt die Einordnung der Typen in der Limbic Map:

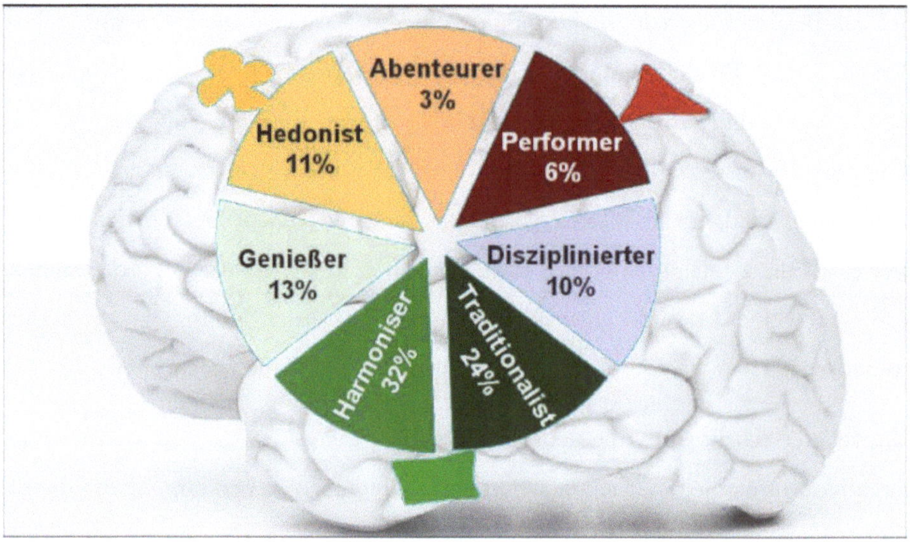

Abbildung 12: Limbic-Types

Quelle: Häusel, 2012, S. 87

Anhand dieser Typen kann die Anwendung von Produkten und Dienstleistungen hergeleitet und das Potenzial identifiziert werden. Dabei ist der Ausgangspunkt die spezielle Fragestellung, wie zum Beispiel die Frage nach einer geeigneten Nischenstrategie für ein Fitnessstudio im Premiumsegment oder ein Fitnessstudio in einem Geschäftsviertel mit einer hohen Dichte an berufstätigen Leuten. Kunden, die eine starke Ausprägung im Balance-System haben, sind für Naturheilkunde, gesundheitsorientierte Aktivitäten und präventive Massnahmen empfänglich, da diese Angebote auch das Bedürfnis nach Geborgenheit, Heimat und Tradition befriedigen.

Zudem nimmt im Alter die Konzentration von Cortisol zu. Cortisol ist ein Stresshormon, das bewirkt, dass ältere Menschen mehr Sicherheit suchen. Damit bekommt das Balance-System mit Interessensbereichen wie Gesundheit und Prävention im Alter mehr Relevanz. Häusel hat festgestellt, dass der Wert «Genuss» im Alter zunimmt. In Kombination mit der Präferenz «Sicherheit» im Balance-System sind daher Wellness-Produkte und hochwertige Lebensmittel im Alter zwischen 50 - 60 Jahren sehr gefragt.

Die Anwendung des Neuromarketing hat sich in den letzten Jahren als sehr hilfreich gezeigt. Insbesondere für die Analyse des Kaufverhaltens bei Kunden sowie für die Neuorientierung oder Positionierung eines Unternehmens. Empirische Studien haben gezeigt, dass die Limbic- Types auch sehr gut geeignet sind, um das Produktinteresse zu ermitteln. Wer interessiert sich zum Beispiel für Gruppenaktivitäten versus Personaltraining oder individuelles Gerätetraining. Auch können mit diesem Modell die Qualitätserwartungen bestehender Kunden oder einer angestrebten Zielgruppe besser ermittelt und erfüllt werden.

Das lässt sich auf die Kommunikation mit Kunden übertragen. So kann der Betreiber eines Fitnessstudios sein Angebot beispielsweise auf folgende Weise präsentieren:

Dem Performer: «Unsere Kraftgeräte sind nach den neuesten Erkenntnissen der Biomechanik entwickelt, um sportliche Höchstleistungen zu erzielen. Bei absolut natürlichem Bewegungsablauf ist ein maximaler Muskelaufbau möglich. Mittels unserer Fitness-App lassen sich Trainingsleistungen dokumentieren und den Fortschritt überwachen. «

Dem Harmonisierer: «Kraft- und Ausdauertraining stärken das Herz-Kreislaufsystem, fördern die Beweglichkeit und stärken Muskeln und Gelenke. Regelmässiges Training ist in jedem Alter wichtig, egal ob mit 14 oder 80 Jahren kann man stets dazu beitragen, bis ins hohe Alter fit und beweglich zu bleiben. Durch fachkompetente Betreuung in angenehmer Atmosphäre werden Sie und Ihre Familie sich bei uns wohl, gesund und gut aufgehoben fühlen. «

An dieser Stelle soll gesagt sein, dass in jedem Fitnessstudio sowie in anderen Dienstleistungsbetrieben stets das Personal im Mittelpunkt steht. Weder eine innovative Marketingstrategie noch Kenntnisse des Managements über Neurowissenschaften sind zielführend, wenn die notwendigen personellen

Ressourcen die Aktivitäten nicht unterstützen. Nur zufriedene Mitarbeitende, welche sich mit der Zielgruppe, dem Angebot und der Kommunikationspolitik identifizieren, werden langfristig den Erfolg des Unternehmens mitbestimmen.

7 Entwurf der Strategie

7.1 Skizze eines Modells (Fallbeispiel)

Die bisherigen Erkenntnisse werden in der unten gezeigten Abbildung in Form einer Mind-Map zusammengefasst. Die Analyse des Unternehmens aus unserem Fallbeispiel und des Marktes für Fitnessstudios allgemein hat die Bedingungen aufgezeigt, unter denen eine Strategie, die auf den von Porter beschriebenen drei generische Strategien beruht, definiert werden kann.

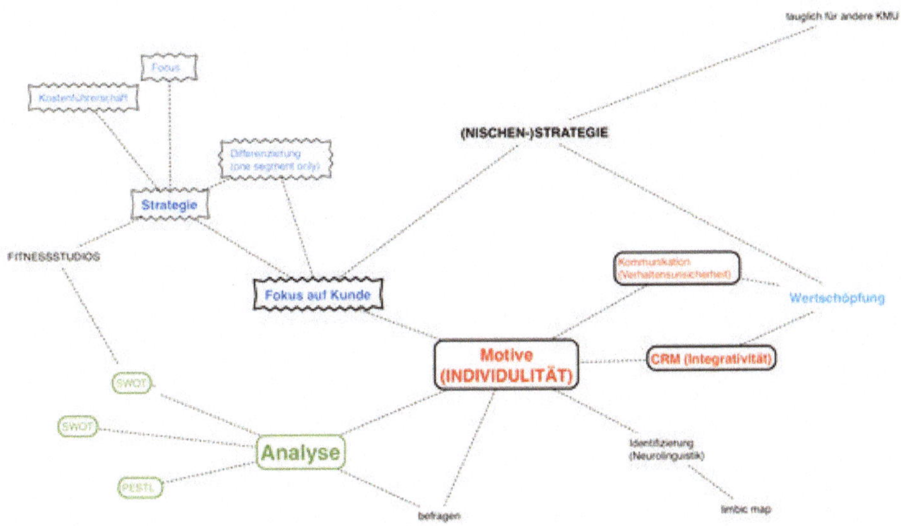

Abbildung 13: Mind-Map zum Modell

Quelle: Eigene Darstellung

Laut Porter ist es eine Strategie, die Kostenführerschaft in der Branche zu übernehmen. Damit meinte er jedoch die umfassende Kostenführerschaft für alle Unternehmen in der Branche. Dies ist für unser Unternehmen mit sechs Filialen nicht zu erreichen. In dem Sinne, dass das Modell, das hier exemplarisch entworfen wird, auch für andere KMU gelten soll, ist es zwar möglich, aber nicht wahrscheinlich, dass ein solches Unternehmen die Kostenführerschaft in einer Branche übernimmt.

Eine zweite Möglichkeit besteht darin, sich mit dem eigenen Unternehmen darauf zu fokussieren, das Produkt, das hergestellt oder angeboten wird, besser zu machen, als alle anderen, um ein Beispiel zu geben. Läge wie in diesem Beispiel beschrieben der Fokus unseres Unternehmens auf der Qualität der angebotenen Leistungen, so würde das bedeuten, dass sich das Unternehmen dadurch einen Wettbewerbsvorteil erarbeitet, die besten Fitnessstudios in der Schweiz zu betreiben.

Daher bietet es sich an, die dritte generische Strategie zu verfolgen, indem man eine Nischenstrategie fährt. Diese Differenzierung verlangt, dass man in einem schmalen Marktsegment etwas anbietet, was es so noch nicht gegeben hat, wobei man sich auf einen Aspekt des Geschäftsfelds konzentriert.

Bei Fitnessstudios und anderen Dienstleistern stellt sich automatisch die Frage, was denn in diesem Fall das Produkt darstellt. Bredenkamp (2018) ist Sportwissenschaftler und Experte und fordert die Betreiber von Fitnessstudios auf, dass sie «eine klare Trennung herbeiführen [sollen] zwischen der Gebrauchsüberlassung der Geräte (Mietvertrag) und der Trainerdienstleistung (Dienstleistungsvertrag). Innerhalb dieser beiden Bereiche – Vermietung und Dienstleistung – [sollen die Studios] die Wertschöpfung vermehrt aus der Trainerdienstleistung ziehen.» Er unterstützt diese Forderung mit folgender Beobachtung: «Heute jedoch geraten die Einzelunternehmen durch den Discount unter zunehmenden Wettbewerbsdruck und begehen dabei einen grossen Fehler, indem sie zur Rechtfertigung ihrer Preisstruktur ihre ‹Beratung- und Betreuungsleistungen› mehr und mehr zu ihrer ‹Kernkompetenz› erklären. Aber ist es wirklich eine kluge Idee, eine Dienstleistung als Kernkompetenz auszuwählen, die für den Studio wirtschaftlich nur funktioniert, wenn die Mehrzahl der Kunden sie nicht in Anspruch nimmt?»

Das hier angesprochene Dilemma unterstreicht, dass eine Entscheidung von Nöten ist, wenn es darum geht, eine geeignete Nische für das eigene Unternehmen zu definieren. Wenn ein Betreiber eines Fitnessstudios davon ausgeht, dass die Kunden die Dienste der Trainer nicht nachfragen bedeutet dies, dass der Schwerpunkt der Tätigkeit, sprich die Nische, nicht im Bereich liegen kann, der von Trainern bedient wird. Dann geht es darum, möglichst vielen Menschen ohne Betreuung die Geräte zur Benutzung zu überlassen. Das spart in jedem Fall Geld, da auf diese Weise das Personal drastisch reduziert werden kann, aber es erhöht auch die Beliebigkeit, da sich dann der Vergleich mit den Discountern aufdrängt.

Entscheidet sich der Betreiber stattdessen dafür, durch qualifizierte Mitarbeiter wertvolle Dienste zur Gesunderhaltung älterer Menschen anzubieten, bietet sich ein anderes Szenario. Der Wunsch, möglichst viele Menschen durch kompetentes Training an den Geräten zu betreuen, setzt voraus, dass die Geräte nicht ständig durch Kunden besetzt sind, die nur für die «Überlassung der Geräte» bezahlt haben. Diese Schwerpunktsetzung erfordert mehr Personal und mehr Service, aber es bindet ein Publikum an das Studio, das bereit ist, diesen Service adäquat zu bezahlen, sodass der Umsatz pro Kunde deutlich steigt, und die Anzahl der loyalen Kunden die Kosten senkt, da nicht ständig neue Kunden teuer geworben werden müssen.

Folgende Aspekte werden in einem Bericht des Schweizer Fitness- und Gesundheitscenter Verband (SFGV), sowie von diversen Redaktionen angeführt, welche die zweite Variante unterstützen:

- Der Verband stellt fest, dass durch grössere, finanzkräftige Ketten der Konkurrenzkampf zugenommen hat.
- Der Verband stellt weiterhin fest: «Wer sich also gut auf die Bedürfnisse der Kunden einstellt, hat die besten Voraussetzungen, weiterhin am Markt bestehen zu können.»
- «Die Studios können vor allem mit zusätzlichen Beratungsangeboten bei ihren Klienten punkten. Wenn sich die einzelnen Anbieter bezüglich der

Ausstattung, den Trainingszeiten und dem Kursangebot kaum unterscheiden, sind solche Leistungen oftmals ausschlaggebend für den Abschluss eines Abonnements bei einem bestimmten Unternehmen.»

- «Individuelle Betreuung mit persönlich ausgearbeiteten Übungsplänen oder auch eine Bewegungsanalyse als Basis [...] bieten den Kunden einen entscheidenden Mehrwert. Der Fitnesstrainer wird dabei vom blossen Übungsleiter zum kompetenten Ansprechpartner für gesundheitliche Fragen.»
- Der Tagesanzeiger fasste die Erkenntnisse des Branchenreports 2018 des SFGV wie folgt zusammen:
- «Mit der wachsenden Kundschaft nimmt die Zahl der hiesigen Fitnessstudios zu. 330 neue Center haben seit dem Jahr 2015 die Türen geöffnet, das ist ein Plus von einem Drittel.»
- «‹Es herrscht ein regelrechter Verdrängungswettbewerb›, sagt Claude Ammann, Co-Präsident des Fitnessverbands. Die Gefahr eines Überangebots sieht er eher im Kraftsportbereich und weniger bei Dienstleistungen für die Gesundheit.»
- «Die über 50-Jährigen entwickeln ein steigendes Gesundheitsbewusstsein, was die Anbieter zuversichtlich stimmt. Eine klare Mehrheit der Betreiber betrachtet deshalb diese Kundschaft im besten Alter als wichtigste Zielgruppe in naher Zukunft.»
- «Erstmals schätzen die Branchenkenner das sogenannte funktionelle Training als wichtigeren Trend ein als das gesundheitsorientierte Training. Beim funktionellen Training wird nicht nur eine Muskelgruppe isoliert wie beim Gerätetraining, sondern der ganze Körper.»
- «Gemäss Branchenkennern ist es für die kleinen Dienstleister schwierig, mit den Grössenvorteilen der Ketten mitzuhalten. Der Druck auf die Margen steige.»

Um sich von den einheitlichen «Muckibuden» der Discounter abzuheben, ist es somit nötig, ein attraktives gesundheitsorientiertes, funktionelles Training für die Altersgruppe 50+ anzubieten, da diese willens und in der Lage ist, zur Erhaltung ihrer Gesundheit die entsprechenden Beträge zu bezahlen.

Dennoch muss berücksichtigt werden, dass eine kundenzentrierte Nischenstrategie verlangt, dass nicht für jeden Standort dasselbe Angebot gemacht wird. Ortsspezifische Anpassungen sind hier erforderlich.

Die Strategie muss dann durch die Techniken des Neuromarketings mit Hilfe des klassischen Marketings den Kunden nähergebracht werden.

7.2 Vision des Wettbewerbsvorteils

Der Wettbewerbsvorteil eines Inhabergeführten Unternehmens besteht darin, sich von den Wettbewerbern zu unterscheiden, indem eine spezielle Nische besetzt wird. Die Nische soll bewirken, dass sich ein beständiges Publikum an den Fitnessstudio bindet und bereit ist, für den Mehrwert, den der Studio ihm liefert, einen Preis zu zahlen, der eine ausreichende Marge gewährleistet.

Generell definiert sich die Nische in unserem Fallbeispiel wie folgt:

- Zielgruppe ist das Publikum, das seine Gesundheit fördern möchte, vorrangig in der Altersstufe 50+
- Diese Zielgruppe legt Wert auf Erhaltung der Gesundheit und der körperlichen Leistungsfähigkeit ohne zusätzlichen Schnickschnack.
- Sie legt keinen Wert auf stets neuste, modernste Geräte, die einen grossen Kostenfaktor darstellen.
- Sie legt Wert auf kompetente Beratung freundlicher und hilfsbereiter Mitarbeiter.
- Der Schwerpunkt der Tätigkeit liegt auf der Gesundheitsvorsorge.

- Trainingsmethoden, die auf einfache Art einen nachhaltigen Effekt für die Gesundheit älterer Menschen bieten, sind zu bevorzugen.
- Zusätzliche gesundheitsbezogene Aktivitäten (z.B. Beratungen, Gesundheitschecks) ergänzen das Angebot, teils als Bonus für loyale Mitglieder.
- Der Mehrwert für den Kunden entsteht aus der Kompetenz der Beratung und der entsprechenden Atmosphäre, die sich von den typischen «Muckibuden» abhebt.
- Das Ziel ist es, den Stamm loyaler Kunden deutlich zu erweitern.
- Die Interessen der Kunden sind daher vorrangig.
- Die individuellen Interessen eines jeden Kunden sind nach Möglichkeit zu berücksichtigen.
- Der Umgang mit den Kunden zielt auf eine dauerhafte Unterstützung ihrer Gesundheit ab.

Jedes Studio, das aufgrund demografischer Besonderheiten eine Lücke anders besetzen muss, tut dies unter weitgehender Beachtung der obigen Prämissen.

- Im exklusiven Frauenstudio unseres Fallbeispiels werden beispielsweise mehr Gruppenkurse angeboten, als anderswo, wobei gemeinschaftlich erlebter Spass im Vordergrund steht.
- Im Studio Zürich unseres Fallbeispiels, das bei der Auswertung demografischer Daten ein überdurchschnittlich junges Publikum verzeichnete wird darauf geachtet, auch für die Klientel junger Männer ein passendes Angebot zu machen. Dabei ist auch zu beachten, dass bei der Kundenbefragung in Zürich die Kategorien «Stressbewältigung» und «ärztlicher Rat» bei den Gründen für den Besuch eines Fitnessstudios im Vergleich hohe Werte zugeordnet bekommen haben.

Zur Erreichung dieses Ziels wird das Unternehmen mit seinen Angestellten alle Aktivitäten unternehmen, die für Kunden und Unternehmen gleichermassen eine Wertschöpfung darstellen.

8 Umsetzung der Strategie

8.1 Marketing Mix

Die im Kapitel 6 definierte Zielgruppe muss jetzt von dem Konzept überzeugt werden, um nachhaltig wirtschaften zu können. Passende Massnahmen des Marketings sind zu finden und einzusetzen.

<u>**Convenience: Mehrwert für Kunden**</u>

Die Möglichkeit, dass die Kunden einen Mehrwert im Angebot eines Unternehmens wahrnehmen, ist ein zentraler Punkt, der heutzutage aus keiner Strategie irgendeines Unternehmens wegzudenken ist. Auch für Dienstleister muss dies der Fokus der jeweiligen Strategie sein. Es ist jedoch bei Produkten, die physisch vorhanden sind, viel einfacher für den Kunden, einen Mehrwert für sich zu erkennen. Auch Dienstleistungen, die ein sichtbares Ergebnis hervorbringen, haben es leichter als Fitnessstudios, deren Serviceleistungen nicht mit nach Hause genommen werden können und erst nach mehreren Wochen sichtbare Wirkung zeigen, falls überhaupt.

Insgesamt gibt es offenbar keinen Konsens zwischen den verschiedenen Fitnessstudios, was für Kunden eigentlich einen Mehrwert darstellt. Viele Studios greifen daher darauf zurück, die beliebtesten Trainingsmethoden und Serviceleistungen der Branche anzubieten, ohne sich um eine Differenzierung zu bemühen. Die Kernkompetenzen der Studios liegen normalerweise in den Bereichen Krafttraining, Cardio und Fitnesskursen. Daher geben nahezu 100 % aller Studios an, Kraft- und Cardio-Training anzubieten.

Die Spitzenplätze bei den Dienstleistungen nehmen individuelle Betreuung, die Erstellung von Trainingsplänen und Gruppenkursen ein. Die Studie des schweizerischen Fitness- und Gesundheitscenter Verbands ermittelte, dass die Fitnessunternehmen ihren Kunden ein breites Spektrum an Dienstleistungen anbieten. Insgesamt hat die Studie 42 Dienstleistungen im Bereich Fitness ausgemacht. Im Durchschnitt sind es 14 unterschiedliche Dienstleistungen, die angeboten werden. Damit ist klar, dass bei keinem dieser Unternehmen von einer Nischenstrategie gesprochen werden kann.

Die beliebteste Möglichkeit, Zusatzeinnahmen zu generieren besteht im Verkauf von Nahrungsergänzung. Die folgende Tabelle ordnet die Dienstleistungen in die Bereiche Kernkompetenzen, Services und zusätzliche Einnahmen ein.

Tabelle 2: Dienstleistungsspektrum von Fitnessstudios

Geschäftsbereich	Angebot	Angeboten von … aller Betriebe (Rang)
Kern-kompetenz	Krafttraining	99,1 % (1)
	Cardio- Training	99,1 % (2)
	Trainingsplanerstellung/ individuelle Betreuung	95,2 % (3)
Zusatz-einnahmen	Verkauf Nahrungsergänzung (Protein etc.)	84,8 % (4)
	Ernährungsberatung	80 % (6)
	Zusammenarbeit Physiotherapie	68,6 % (8)
	Gastronomie	35,2 % (18)
Angebote / Service	Gruppenfitnesskurse	82,9 % (5)
	Solarien	64,8 % (9)
	Proprio rezeptives Training	72,4 % (7)
	Saunen	61 % (10)
	Spinning	57,1 % (11)

Massagen	50,5 % (12)
Vibrationstraining	46,7 % (13)
Kinderbetreuung	45,7 % (14)
Physiotherapie	41 (15)

Quelle: Eigene Darstellung nach Würtenberger et al., 2015, S. 20-21

Insgesamt hat sich die Ausstattung an Geräten für Kraft- und Cardio-Training in den letzten Jahren verringert. Die meisten Studios haben 51 bis 100 Geräte. Der Anteil der Kraftgeräte an allen Geräten ist mit 49,7 % der grösste, gefolgt von Ausdauergeräten (23,6 %), also Ergometer, Laufbänder, Treppensteiger und Crosstrainer. Dabei sind 8,8 % der Cardio-Geräte mit TV ausgestattet. Ausdauergeräte sind Standard, ebenso die Ausstattung mit einem Freihantelbereich, der zur Durchführung mehrdimensionaler Übungen dient.

Consumer: Kunden

Die Anzahl der Mitglieder ist eine der wichtigsten wirtschaftlichen Kennzahlen im Bereich der Fitnessstudios, da nur die kontinuierlich einlaufenden Monatsbeiträge ein regelmässiges Einkommen garantieren. Im Mittelwert verringert sich seit Jahren die Anzahl der Mitglieder pro Studio jedoch. Im Schnitt haben 28,7 % der Studios eine Mitgliederzahl von unter 500 Kunden. Die anteilsmässig meisten Fitnessstudios verzeichnen eine Mitgliederanzahl zwischen 501 und 1.250 Mitgliedern. 48,6 % der Unternehmen gehören in diese Kategorie. Dazu kommen weitere 21,3 % der Studios, die zwischen 1.250 und 2.000 Kunden aufweisen. Die verbleibenden 3,2 % der Studios haben alle mehr als 2.000 Mitglieder.

Die Fluktuationsquote ist eine weitere wichtige Kennzahl. Die Fluktuationsrate berechnet sich aus dem Verhältnis der Kündigungen zu der Anzahl der Mitglieder. Die Studie des schweizerischen Fitness- und Gesundheitscenter Verbands schreibt, dass die durchschnittliche Quote bei etwa 20 % liegt. Der Zuwachs an Mitgliedern liegt bei etwa 10 %. Wichtig ist diese Kennzahl, da die Gewinnung eines Neukunden siebenmal teurer ist, als der Erhalt eines Kunden.

Daher ist es ein zentrales Ziel der Strategie, die Fluktuationsrate zu senken. Es gilt also, Bestandskunden länger an das Unternehmen zu binden, um weniger Kosten für die Gewinnung von Neukunden zu haben.

Cost: Kosten für den Kunden

Es ist kein Geheimnis, dass besonders nach den Weihnachtsfeiertagen viele Menschen den guten Vorsatz fassen, sich sportlich zu betätigen, um sich dann bei einem Fitnessstudio anmelden. Obwohl kein genauer Beleg dafür auszumachen war, wie vielen Menschen es so geht, wird dieser Trend oft ausgenutzt.

Die Sendung «Kassensturz» des schweizerischen Fernsehens SRF hat im Jahr 2017 die Vertragskonditionen von Fitnessstudios untersucht. Dabei zeigte sich, dass die für den Kunden angeblich preisgünstigsten Verträge durchaus zu hohen Ausgaben führen können. Die Unternehmen Discountfit und Basefit liegen preislich dicht beieinander und fordern knapp unter 500 CHF für ein Jahresabonnement. Kunden, die feststellen, dass regelmässige sportliche Betätigung doch nichts für sie ist, haben jedoch eine Mindestlaufzeit von zwölf Monaten für ihr Abonnement und sind damit ihr Geld los. Zudem müssen Sie daran denken, ihr teures Abonnement spätestens drei Monate vor Ablauf der Frist zu kündigen, da es sich sonst um ein Jahr verlängert. Das Unternehmen Activ Fitness erlässt denjenigen, welche die Jahresgebühr von 740 CHF im Voraus komplett bezahlt haben, die zwangsläufige Verlängerung. Andere Unternehmen, die vermeintlich teurer sind, ermöglichen jedoch einen früheren Ausstieg aus dem Vertrag, so dass die Kosten für den Kunden bei 82,50 CHF (Vgl. Fitnessplus) oder 100 CHF (Vgl. Fitness Park) liegen, um zwei Beispiele zu geben.

Dabei macht besonders das Unternehmen Discountfit dadurch auf sich aufmerksam, dass es weder transparente Informationen, noch ein Probetraining gibt. Es scheint, als würde man sich in dem Unternehmen diese Mühe nicht machen, da man zufrieden ist, die Gelder zahlloser Karteileichen zu verwalten. Einen Beleg für diese etwas unwissenschaftlich formulierte Annahme gibt es jedoch nicht. Die Redakteure der Sendung hielten das Unternehmen für nicht bewertbar. Die folgende Tabelle enthält Daten der weitaus umfangreicheren Tabelle des Teams der Sendung.

Tabelle 3: Vergleich verschiedener Anbieter

	Discount-fit	Basefit	Update-Fitness	Activ Fitness	Fitness-plus	Fitness Park
Ort	Dietikon ZH	Zürich Lochergut	Gossau SG	Alstetten SG	Wil SG	Zürich Sihlcity
Günstigstes Abo	498,-	499,-	690,-	740,-	990,-	1200,-
Kürzeste Abodauer	k.A.	12 Monate	12 Monate	12 Monate	1 Monat	1 oder 3 Monate
automatische Verlängerung?	k.A.	ja	Ja	nicht bei Abos mit Sofort-zahlung	ja	nein, abhängig von Genossen-schaft

Quelle: Eigene Darstellung

Communication: Kommunikation mit dem Kunden

Einerseits nutzen Unternehmen Social-Media-Marketing als reines Kommunikationsinstrument, um den Kunden, der Community oder den Mitarbeitern Inhalte zur Verfügung zu stellen.

Erfolgreiches Social Media Marketing erfordert eine offene, durchlässige, authentische und manchmal auch risikobehaftete Unternehmenskultur. Alle Mitarbeiter und insbesondere die Führung müssen an Social Media glauben und das Risiko eingehen, dass jemand auch negativ über das Unternehmen spricht. Daher kann eine moderne Social Media-Marketingkultur, die von der Führung unterstützt wird, Unternehmen dazu bewegen, die Art und Weise, wie Initiativen in der Organisation ausgeführt werden, neu zu bewerten. Es besteht ein klares Bedürfnis, sich der Kritik offen und unverzüglich zu stellen.

Die Unternehmen tun gut daran, die Aufmerksamkeit der Nutzer bezüglich der Social-Media-Inhalte der Unternehmen wertschätzen, auch wenn die Interaktionen der Verbraucher mit der beabsichtigten Nachricht des Unternehmens nicht in Einklang stehen und zu einer Veränderung oder sogar Verformung der Nachrichten führen. Wenn das Unternehmen ein Video oder einen Text mit Marketinginhalten hochlädt, muss es sich bewusst sein, dass Benutzer diesen Text oder dieses Video nehmen und ihre eigene Version als Parodie oder Scherz veröffentlichen können. Das ist eigentlich positiv, da das Unternehmen Aufmerksamkeit erhält. Wenn das Unternehmen Probleme damit hat, sollte es seine Social-Media-Strategie überdenken und sich fragen, ob es wirklich eine will.

Es muss in einem Unternehmen auch Richtlinien für die Mitarbeiter geben, um zu bestimmen, wer im Unternehmen befugt ist, welche Art von Inhalt in welcher Social-Media-Anwendung bereitzustellen. Das Kontinuum der Möglichkeiten lässt auf zwei extreme Positionen schliessen, die als «Autokratie» und «Anarchie» bezeichnet werden. In der Autokratie zentralisiert und verwaltet eine einzige Abteilung oder MitarbeiterIn die Kontrolle über Social Media-Kommunikation. Umgekehrt wird Anarchie durch eine Laissez-faire-Mentalität vertreten, in der es keine solchen Regeln gibt und Abteilungen / Mitarbeiter auf Social-Media-Plattformen nach Belieben kommunizieren können. Mit der Öffnung der Organisationskultur und -struktur wird die Definition klarer Social Media-Richtlinien immer wichtiger.

8.1.1 Social – Media – Kampagnen zur Kundengewinnung

Hat sich ein Unternehmen für Social-Media-Kommunikation entschieden (vgl. Kommunikation mit dem Kunden), kann dieses Instrument auch für die

Kundengewinnung eingesetzt werden. Im Verhältnis zu anderen, durchaus kostenintensiven Marketing-Massnahmen, ist diese Form der Werbung sehr günstig, führt zu geringen Streuverlusten und der Erfolg ist messbar. Diese Art der Bewerbung richtet sich keinesfalls nur an eine jüngere Zielgruppe. Viele Eltern und Grosseltern pflegen ihr Facebook-Profil regelmässig und folgen damit den Ereignissen und Neuigkeiten ihrer Kinder und Enkelkindern.

In den letzten Jahren hat sich bei den Möglichkeiten der Kundengewinnung viel verändert. Eine einfache Website reicht schon lange nicht mehr aus, um erfolgreiches Marketing im Internet zu betreiben.
Facebook ist im Internet allgegenwärtig und hat die Nutzung verändert. Es ist zu einem gewaltigen Netzwerk innerhalb des Internets gewachsen. Fast ein Viertel der Erdbevölkerung nutzt Facebook – damit hat Facebook eine einmalige Reichweite, die kein anderes Netzwerk in dieser Form bietet.

Anhand eines Fallbeispiels wird hier erläutert, wie Werbeanzeigen auf Facebook & Co. erstellt und als Instrument in die Marketingstrategie aufgenommen werden können, damit potentielle Kunden bei der Anzeige anhalten und sich über das Angebot ausführlicher informieren möchten. Auch wird erläutert, welche Schritte die Interessenten durchlaufen, bis sie den Weg ins Fitnesscenter finden. Das Ziel dieser Kampagnen ist, möglichst viele hochwertige Kontakte zu generieren, um letztendlich auch langfristige Mitgliedschaften zu schreiben.

Einerseits erhöhen Sozial- Media- Kampagnen den Bekanntheitsgrad des Unternehmens, da sie in sozialen Netzwerken «geteilt» werden und Freunde der Zielgruppe erreichen und anderseits dienen sie zur Neukundengewinnung. Die Direktabschlussquote, also jene Quote welche auf den Abschluss einer Mitgliedschaft im ersten Kundentermin zurückzuführen ist, ist tiefer als bei herkömmlichen Kampagnen und auch wesentlich tiefer als bei einem Interessenten im Probetraining. Bei guten Voraussetzungen und kompetenten Mitarbeitern sollte die Abschlussquote aber nicht unter 30% liegen. Also, bei fünfzehn Interessenten mit Terminvereinbarung, lösen fünf Personen eine Jahresmitgliedschaft bereits nach der ersten persönlichen Betreuung. Die anderen Teilnehmenden werden während der «Testzeit» intensiv betreut, damit sie sich im weiteren Verlauf für eine Jahresmitgliedschaft entscheiden.

Mittels sogenannter «Ads» (kostenpflichtige Anzeigen auf Facebook) wird eine im Vorfeld bestimmte Zielgruppe im «News Feed» ihrer Applikation entweder auf dem PC oder Smartphone erreicht und dazu animiert, einen kostenlosen oder sehr vorteilhaften Fitnesspass für sich zu beanspruchen. Hierbei gibt es verschiedene Angebote, welche die Aufmerksamkeit der Kunden wecken und sich nachweislich als erfolgreich gezeigt haben:

- Fitnesspass für eine oder zwei kostenlose Woche(n)
- Fitnesspass für 30 Tage zum Preis von CHF 30.-

Einige Centerinhaber zögern jedoch solche Rabatte anzubieten, da sie befürchten, dass ihr Service damit abgewertet wird. Allerdings müssen potentielle Kunden, welche noch nie in einem Fitnesscenter gewesen sind, das Vertrauen erst aufbauen, bevor sie in eine Mitgliedschaft investieren oder sich langfristig verpflichten, ohne die Servicequalität beurteilen zu können.

Das Angebot soll so ausformuliert werden, dass die angestrebte Zielgruppe nicht wiederstehen kann. Sobald der potentielle Kunde zum vereinbarten Termin erscheint, muss er nur durch das Ambiente und die Kompetenz der Mitarbeiter sowie einer, auf seine Bedürfnisse ausgelegten Problemlösung, begeistert werden.

Die folgende Abbildung zeigt eine Möglichkeit auf, wie die Anzeige auf sozialen Medien aussehen könnte, um das Interesse der Leser zu wecken.

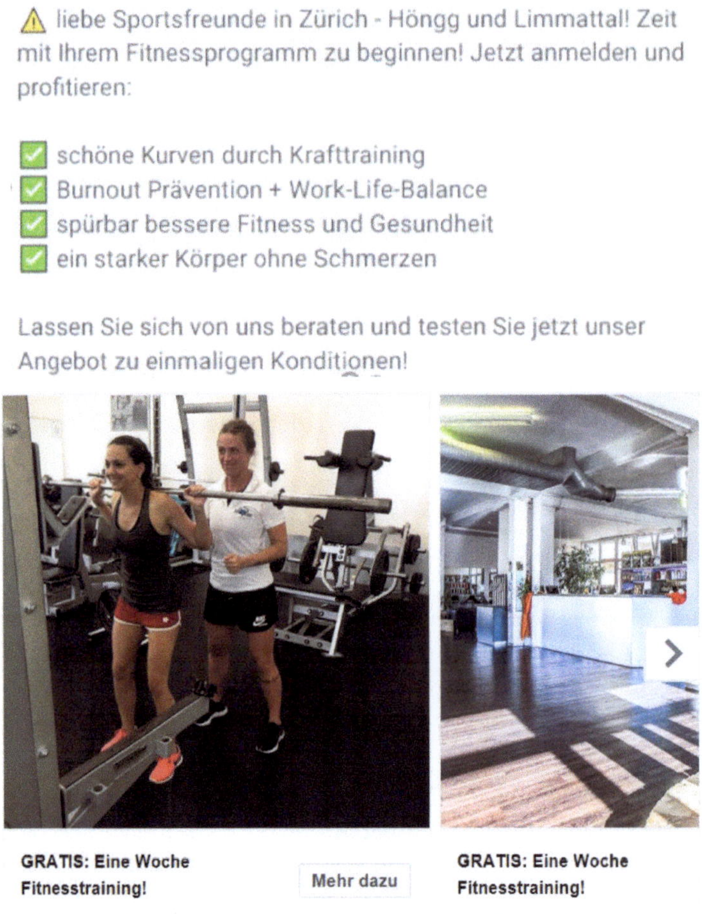

Abbildung 14: Beispiel Anzeige im News-Feed der Zielgruppe

Quelle: Eigene Darstellung

Von dieser Anzeige gelangt die Person auf eine, speziell für die Kampagne erstellte „Landingpage", die eine sehr übersichtliche und vereinfachte Website darstellt, welche dem einzigen Zweck dient, die Interessenten über ein spezifisches Angebot zu informieren und den Fitnesspass zu erhalten, indem sie das Kontaktformular ausfüllen.

Um den Fitnesspass zu aktivieren, werden die Kunden mittels automatischen Mailversand aufgefordert, mit dem Fitnesscenter Kontakt aufzunehmen. Eine Terminvereinbarung ist erforderlich, um den Fitnesspass einzulösen.

Gleichzeitig werden Mitarbeitende und Kampagnenmanager automatisch via Mail über den Interessenten informiert. Mit Einrichten einer Kontaktliste auf einem Cloud Speicher (z.B. Google Drive oder Dropbox) kann diese Kontaktliste verlinkt werden, womit die Interessenten automatisch erfasst und vom Fitnesscenter administriert werden können.

Die meisten Interessenten werden mittels Smartphones auf das Angebot aufmerksam. Die Kontaktaufnahme sollte innerhalb von fünf bis zehn Minuten stattfinden, damit erhöht sich die Wahrscheinlichkeit, dass der Interessent sein Smartphone noch immer in der Hand hält und den Anruf entgegennimmt.

Um die Reichweite der Kampagne zu erweitern, können die Mitarbeitenden auch viel dazu beitragen, indem sie die Anzeigen auf ihren Facebook sowie- Instagram Profile teilen.

8.2 Beitrag der Mitarbeiter

Ein zentrales Element der Strategie sind die Mitarbeiter. Ihr Auftreten und ihre Kompetenz stehen für die Qualität und Leistungsfähigkeit des Unternehmens. Um diesen Faktor des Erfolgs besser kennenzulernen, wurde in unserem Fallbeispiel auch für die Mitarbeiter eine online- Befragung eingerichtet. Die Ergebnisse sind wie folgt:

Das Personal, das im Fitnessstudio tätig ist, ist erstaunlich vielseitig gebildet. Es gibt Bäcker und Friseurinnen, Restaurationsfachfrauen, Anwälte und Automechaniker. Nur etwa ein Drittel der Befragten hat eine Erstausbildung, die für ein Fitnessstudio relevant ist. Folgende Angaben[2] wurden gemacht:

---

[2] Die Rechtschreibung wurde gelegentlich sanft angepasst, um die Verständlichkeit zu erhöhen.

- Anwältin
- Sprachleiterin
- Automechaniker
- Detailhandelsassistentin
- Fitnessinstruktorin mit eidg. Fachausweis
- EFZ Detailhandel
- Eidg. Trainer, Ernährungspsycholog, Mentaltrainer
- Fitness Betreuer SAFS
- Group Fitness- Instruktorin, Fitnessinstruktorin i.A.
- Handelsschule
- Herztherapeutin SCPRS
- Kaufmännische Grundausbildung, Fitnesstrainer Diplom SAFS
- Koch EFZ, Eidg. diplomierter Trainer
- BSC Sportwissenschaft
- Lehrabschluss als Bäcker-Konditor EFZ
- Meister Diplom als Coiffeuse
- Power Yoga Instruktorin, Blackroll Trainerin, diverse Group Fitness-Ausbildungen, GL Projektmanagement, CAE
- Restaurationsfachfrau EFZ
- Sportstudentin
- Sportwissenschaft
- Zumba Instruktorin, Spinning Instruktorin, SRK Pflegehelferin

Es ist jedoch nicht von der Hand zu weisen, dass auch die Geschäftsleitung das lebenslange Lernen befürwortet und das Personal ermutigt, sich durch Fortbildungen weiter zu verbessern.

Ein Drittel der Befragten gibt an, sich durch Weiterbildungen zusätzliches Wissen angeeignet zu haben.

Das lebenslange Lernen ist jedoch für alle TeilnehmerInnen der Befragung ein zentrales Thema, was auch durch die unten stehende Grafik wiedergegeben wird, welche die Häufigkeit der Antworten auf die Frage nach den Möglichkeiten zur Verbesserung der eigenen Qualifikation aufzeigt.

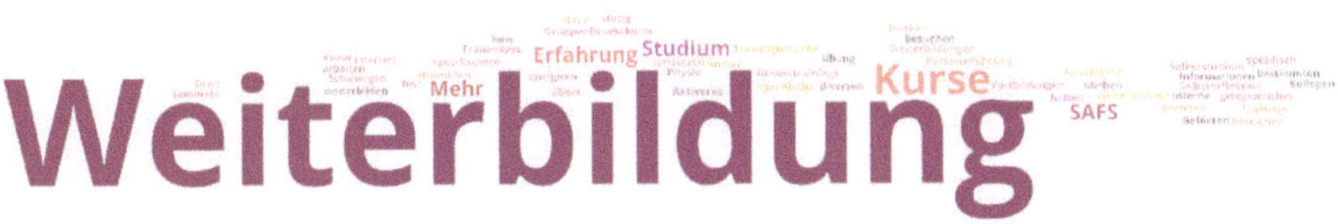

Abbildung 15: Häufigkeit der Antworten aus der Mitarbeiterbefragung

Quelle: Eigene Darstellung

Die nächste Frage war eine der wichtigsten und interessantesten, da sie zeigt, ob die Angestellten der Studios ihre Kundschaft gut kennen oder nicht. Die Trainer/Trainerinnen musste angeben, aus welchen Gründen ihre Kundschaft ein Fitnessstudio aufsucht. Bei drei Antworten gab es sehr klare Übereinstimmungen (Gesundheit fördern, Fitness steigern, Kondition). Bei drei weiteren Antworten überschätzten die Angestellten die Beweggründe ihrer Kunden deutlich. Sie nahmen an, dass dort Gründe existieren, wo keine sind (Vgl. Abnehmen, Körperkultur, ärztlicher Rat).

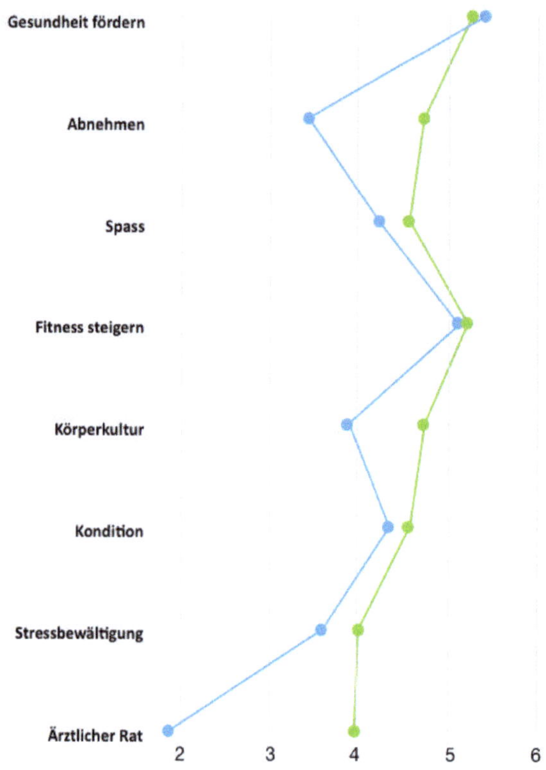

Abbildung 16: Welche Ziele haben Ihre Kunden?

(grün = Antworten der Mitarbeiter; blau = Angaben der Kunden)
Quelle: Eigene Darstellung

Eine weitere wichtige Frage galt der Einschätzung des Personals, wie die Loyalität des Publikums gefördert werden könne. Gute persönliche Betreuung und ein Angebot, dass die Bedürfnisse der Kunden erfüllt, wurden zusammen mit Freundlichkeit am häufigsten genannt.

Die letzte Frage betont noch einmal, dass es den Angestellten wichtiger ist, eigenes Engagement zeigen zu können und Selbstständigkeit in der Ausübung ihres Berufes haben zu können, als bei der Ausstattung oder Gestaltung der Studios und des Programms mitwirken zu können. Der vollständige Fragebogen zur Mitarbeiterbefragung findet sich im Anhang dieses Buches.

8.3 Kundenorientierte Service-Strategie

Die Kundenintegration in einer service-orientierten Strategie hat das Ziel die Dienstleistung an den Erwartungen und Bedürfnissen des Kunden möglichst schnell auszurichten und so Vorteile zu erringen und zum anderen durch die Stärkung der Beziehung zum Kunden die Fluktuationsraten zu senken und somit Vorteile bei der Kundengewinnung und Kostenvorteile zu generieren. Für die Entwicklung einer Strategie können verschiedene Methoden genutzt werden, um den Kunden zu integrieren. Dazu muss der entsprechende Integrationsgrad bestimmt werden.

Rolle des Kunden	Mögliche Methoden	Integrationsgrad
Kunde als passives Beobachtungsobjekt	Beobachtung	Niedrig
Kunde als fremdbestimmter Dialogpartner	Befragung	↓
Kunde als selbstbestimmter Dialogpartner	Beschwerdeanalyse	↓
Kunde als gleichberechtigter Interaktionspartner des Unternehmens	Workshops	↓
Kunde als gleichberechtigter Mitarbeiter des Unternehmens	Innovationszirkel	↓
Kunde als selbstständiger Innovator	Toolkits	Hoch

Abbildung 17: Grad der Kundenintegration

Quelle: Bruhn und Strauss, 2009, S. 19, in Anlehnung an Kunz/Mangold 2004, S. 334

Der Grad der Integration von Kunden muss im Dienstleistungsprozess beachtet werden. Daher kann sich auch aus der Partizipation von Kunden ein strategischer Vorteil ergeben. Innerhalb jeder Dienstleistung gibt es Spielraum im Grad, in dem die beiden Parteien in die Beziehung einbezogen werden. Kunden und Dienstleister können mehr oder weniger partizipativ sein. Partizipatives Verhalten sollte jedoch

Vorteile bringen. Kunden, die eher bereit sind, Informationen auszutauschen und engere persönliche Kontakte zu knüpfen, profitieren von einer höheren Qualität der Dienstleistungserbringung, da der Anbieter über Informationen bezüglich ihrer Bedürfnisse und Erwartungen verfügt. Auf der anderen Seite führt die grössere Beteiligung an der Dienstleistung dazu, dass der Kunde realistischere Erwartungen in Bezug auf die Leistung hat und ein besseres Verständnis dafür, auf welche Art und Weise der Dienstleister tätig ist. Der Grad der Partizipation, also das Ausmass, in dem beide Parteien an einer Beziehung teilnehmen, beeinflusst die wahrgenommene Qualität der erbrachten Dienstleistung und wirkt sich auf die Gesamtzufriedenheit und Kundenbindung aus.

Beim Untersuchen der Auswirkungen auf die Wertschöpfung wird festgestellt, dass die Kundenpartizipation die Wertschöpfung steigert und die Beziehung zwischen Kunden und Mitarbeitern stärkt. Eine stärkere Kundenpartizipation trägt zur Wertschöpfung bei und ist eine Voraussetzung für den Erfolg der strategischen Bemühungen eines Unternehmens zur Verbesserung der Kundenzufriedenheit.

Den theoretischen Hintergrund für die Wertschöpfung durch Kundenpartizipation liefern Bridoux und Stoclhorst (2016, S. 232), die ebenfalls betonen, dass kooperative Beziehungen im Falle der gemeinsamen Wertschöpfung besonders relevant sind, da ein wesentlicher Beitrag der Unternehmen zur sozialen Wohlfahrt darin besteht, Kunden zu helfen, ihre gemeinsamen Wertschöpfungsbeziehungen in anderer Form und vorzugsweise in Bezug auf gemeinschaftliches Teilen zu gestalten.

Zu dem Grad der Partizipation tragen verschiedene Faktoren bei, die den Kunden motivieren. Erklärend für die Motivation sind sozial-psychologische und verhaltensökonomische Ansätze. Ein Erklärungsansatz ist der «Self-Service-Bias», eine Wahrnehmungsverzerrung, die es den Menschen ermöglicht, sich selbst in einem besseren Licht zu sehen. Grob gesagt bedeutet dies, dass bei positiven Ergebnissen einer Tätigkeit, der Mensch sich den Erfolg selbst zuschreibt. Bei negativen Ergebnissen sind jedoch andere Schuld. Diese Wahrnehmungsverzerrung wird gemildert, wenn einer Person die Teilnahme an einer Aktion als Wahlmöglichkeit angeboten wird. Wenn also ein Erfolg eines Kunden sehr wahrscheinlich ist, ist es für ein Unternehmen nicht sehr ratsam, diese Wahlmöglichkeit anzubieten, da der Kunde den Erfolg für sich reklamieren wird. Wenn jedoch ein negatives Ergebnis zu erwarten ist, wird durch die Einladung zur Teilnahme die Schuld, die dem Unternehmen zugeschrieben wird, geringer ausfallen. Dies ist sehr wichtig, weil Kundenzufriedenheit bei Erfolg zwar wenig steigt, aber bei einem Misserfolg sehr stark fällt. Somit muss diese eventuell negative Empfindung so gut es geht abgefedert werden, um für das Unternehmen einen Vorteil bei der Kundenbindung zu erzielen.

Bei der Nutzung von Kundenbeteiligung unter strategischen Gesichtspunkten müssen Art und Umfang der Kundenbeteiligung bestimmt werden, denn daraus ergibt sich die spezifische Gestaltung der Prozesse. Diese Sichtweise auf die Kundenbeteiligung als Bestandteil der Dienstleistungsproduktion erweitert das übliche Verständnis zu einer Option für die Entwicklung von Unternehmen. Bruhn und Strauss (2009, S. 6) beschreiben dies folgendermassen: «In diesem weiten Verständnis wird Kundenintegration aufgefasst als ein Prozess der systematischen Analyse, Planung, Durchführung und Kontrolle der aktiven Teilnahme von Kunden an unternehmerischen Prozessen.»

Die Ziele der systematischen Nutzung des Kunden sind die Ausrichtung des Leistungsangebots auf den Kunden und die Stärkung der Kundenbeziehung. Die Kundenintegration in diesem weiten Verständnis ist besonders sinnvoll, um neue Produkte und neue Services zu entwickeln.

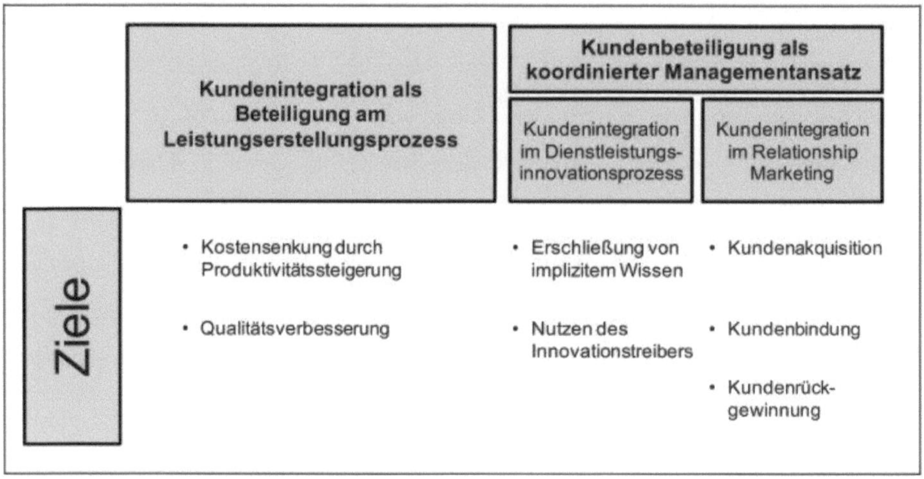

Abbildung 18: Varianten und Ziele der Kundenintegration

Quelle: Bruhn und Strauss, 2009, S. 7

Die Kundenintegration kann zur Erreichung mehrere Ziele eingesetzt werden. In Bezug auf den Leistungsprozess kann die Integration von Kunden zur Kostensenkung und zur Qualitätsverbesserung genutzt werden. Beide Faktoren würden eine Strategie zur Kostenführerschaft und die Steigerung der operativen Effizienz unterstützen. Für die Entwicklung und Führung einer Nischenstrategie empfiehlt sich die Beteiligung des Kunden als Managementansatz, da sie zu neuen Services und Dienstleistungsprodukten führt. Einmal kann der Kunde als Innovationstreiber genutzt werden, der mit seinen Bedürfnissen und Ansprüchen das Unternehmen weiterentwickelt und zum anderen kann das implizite Wissen des Kunden genutzt werden, um einzigartige und neuartige Dienstleistungen zu entwickeln. Durch die Ausrichtung des Innovationsprozesses auf Kundenorientierung erlangt das Unternehmen im Vergleich zu anderen Unternehmen einen langfristigen Vorteil.

Eine weitere Möglichkeit ist es die Kundenintegration im Sinne des Relationship Marketing zu nutzen. Die hohen Fluktuationszahlen der Fitnessbranche zeigen zum Beispiel, dass hier sehr viel Potenzial zur Erfolgssteigerung liegt.

Folgendes Rechenbeispiel: «Gegeben sei ein Fitnessstudio mit 1.000 Mitgliedern. Trifft man die Annahme einer Fluktuation von 25 Prozent pro Jahr sowie durchschnittliche Kosten von 200 Euro für die Gewinnung eines Mitglieds, so müssen allein für den Bestandserhalt pro Jahr 50.000 Euro aufgewendet werden. Wird die Fluktuation beispielsweise um 7 Prozentpunkte gesenkt, bedeutet das unter den gegebenen Prämissen bereits eine Ersparnis von 14.000 Euro.»

Die ökonomischen Vorteile von langfristigen Kundenbeziehungen sind offensichtlich. Die Kundenintegration unterstützt die Ziele Kundenakquisition, Kundenbindung und die Rückgewinnung von Kunden. Die Akquisition wird beispielsweise durch eine positive Mund-zu-Mund Propaganda unterstützt. Die sinkende Fluktuation spart gleichzeitig Kosten in der Akquisition, denn einen neuen Kunden zu gewinnen ist bekanntlich siebenmal teurer als einen bestehenden Kunden zu pflegen. Eine höhere Kundenbindung wird durch Individualisierung der Leistung erreicht. Bei einer verbesserten Berücksichtigung von individuellen Wünschen, wird auch die Wahrscheinlichkeit erhöht, bereits verlorene Kunden zurückzugewinnen.

Ein hohes Mass an Integration erfüllt auch die Erwartung der Kunden an den Nutzen. Die Nutzungserwartungen des Kunden können einmal ökonomischer Natur sein oder zum anderen psychologischer Natur. Im ersten Fall trägt die Individualisierung der Leistung zur Erfüllung der Nutzererwartung bei und im zweiten Fall die vom Kunden empfundene Kontrolle über den Prozess. Beide Arten von Nutzererwartungen führen dazu, dass die Kundenzufriedenheit erhöht wird.

8.3 Modell zur Strategiefindung

Das folgende Modell stellt ganz allgemein dar, welchen Weg ein Unternehmen im Dienstleistungsbereich verfolgen sollte, um herauszufinden, welche Strategie das Unternehmen anwenden kann, um sich einen Wettbewerbsvorteil zu sichern. Grundlage sind die drei generischen Wettbewerbsstrategien, die Kostenführerschaft, Differenzierung und Konzentration (Fokus), welche von Porter beschrieben wurden. Diese Strategien werden auch in Kapitel 10.1. dieses Buches nochmals genau dargestellt. Anhand von Marktanalysen und Wettbewerbsanalysen (Vgl. Kapitel 3-5) kann ein Unternehmen feststellen, welche Strategie es verfolgen will.

Im unserem Fallbeispiel ergibt sich aus den dargestellten Ergebnissen der Forschung, die auf einer Unternehmensanalyse, einer Kundenbefragung und einer demographischen Auswertung beruhen, dass eine kundenzentrierte Geschäftsstrategie erfolgversprechend ist. Aufgrund der Kundenbefragung und der Auswertung der Limbic Map werden die Tätigkeiten bestimmt, mit denen für den Kunden einen Mehrwert geschaffen wird. Dieser Mehrwert ist das ausschlaggebende Argument für den Kunden, sich für oder gegen einen Dienstleister zu entscheiden. Bei unterschiedlichen Niederlassungen eines Unternehmens kann es dabei sein, dass für die verschiedenen Niederlassungen unterschiedliche Tätigkeiten Bei den jeweiligen Kunden einen Mehrwert darstellen.

Durch die normalen Methoden des Marketings und die Techniken des Neuromarketing, sowie durch andere Verfahren gilt es, die jeweils gewählte Nische dem Publikum näher zu bringen. Im Anschluss an eine erfolgte Implementierung ist es wichtig, durch geeignete Controlling-Massnahmen festzustellen, ob die gewählte Nische tatsächlich einen wirtschaftlichen Erfolg bedeutet.

Damit stellt das unten skizzierte Verfahren sowohl eine Anleitung für die Recherche und dem abwägen der richtigen Positionierung dar, als auch eine Anleitung für das praktische Umsetzen der Strategie.

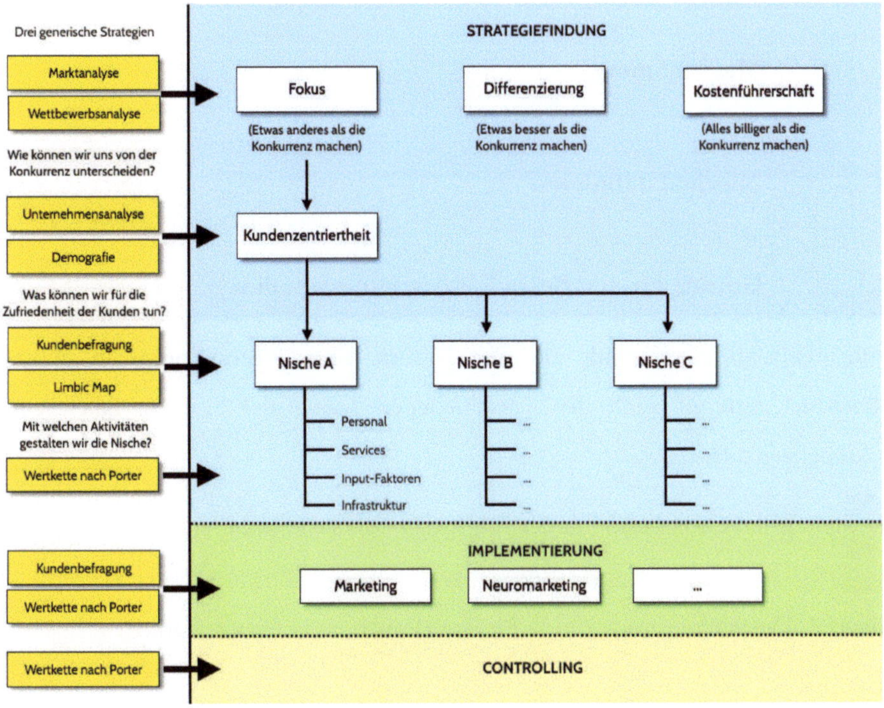

Abbildung 19: Modell der Strategiefindung

Quelle: Eigene Darstellung

9 Massnahmen

9.1 Nischen definieren

9.1.1 Gründe für den Besuch eines Fitnessstudios

Betrachtet man die Gründe für den Besuch eines Fitnessstudios in unserem Fallbeispiel getrennt nach den verschiedenen Lagen der Studios, fallen einige Diskrepanzen auf.

Die wichtigsten Gründe sind in der folgenden Tabelle zusammengefasst.

Tabelle 4: Die wichtigsten Gründe für den Besuch eines Fitnessstudios

Gründe			
Standort 1		Fitness steigern	Kondition
Standort 2	Gesundheit fördern		Spass
Standort 3		Gewichtsreduktion	Kondition
Standort 4		Gewichtsreduktion	Kondition
Standort 5	Gesundheit fördern		Kondition
Standort 6		Fitness steigern	Körperkult

Quelle: Eigene Darstellung

Wenn trotz dieser Einsichten mehrere Kunden nach einem Rundgang durch das Studio oder einem Probetraining mit individueller Beratung nicht bereit sind, ein Abonnement zu lösen, ist es sehr wahrscheinlich, dass die wichtigsten Anliegen der Kunden noch nicht berücksichtigt wurden. Wenn das der Fall ist, unterschreiben die wenigsten Interessenten eine Mitgliedschaft.

Es gilt zu bedenken, dass nicht alle potenziellen Kunden bereits Erfahrungen mit Fitnessstudios haben, eher im Gegenteil. Daher ist es zwingend, sich vor der Geschäftsanbahnung klar zu machen, welche Fragen der Kunde hat und wie die Antworten des eigenen Unternehmens seine Kaufentscheidung unbewusst beeinflussen. Die wichtigsten Fragen des Kunden sind normalerweise:

- Macht es Spass?
- Habe ich Zeit dafür?
- Was kostet es?
- Löst es mein Problem?

Der Spassfaktor im Fitnessstudio muss dabei nicht explizit sein und darf keinesfalls als Bespassung verstanden werden. Der Punkt ist, dass die Trainingseinheiten die Gesundheit fördern sollen, ohne langweilig zu sein oder gar als mühsam angesehen zu werden. Die meisten Kunden machen nur dann Fitnessübungen, wenn sie ein Vergnügen darstellen. Das bedeutet, dass während eines Probetrainings nur Übungen angeboten werden sollten, die sofort ein Erfolgserlebnis vermitteln, z. B. Beinpresse, Rückenstrecker oder funktionelles Training unter Anleitung. Es ist wichtig, dass der Kunde sich sagen kann, dass er das ohne grössere Probleme schaffen kann. Wenn dem Kunden seine eigene Unzulänglichkeit vorgeführt wird, kann er nur enttäuscht und demotiviert werden. Es empfiehlt sich, das angebotene Probetraining mit dem ganzen Trainerteam durchzugehen, um die Übungen zu identifizieren, die nicht von Anfang an demotivieren. Nur das, was Spass macht, wird auch gerne wiederholt.

Der Zeitfaktor, der für das Training aufgewendet werden muss, ist für viele Interessenten ein grosses Problem. Wer ein Training beginnt, muss wissen, wie viel Zeit dafür pro Woche aufgewendet werden muss. Kaum ein potenzieller Kunde wird es schaffen, dreimal pro Woche zwei Stunden lang zu trainieren. Daher ist es wichtig, den neueinsteigenden Kunden Trainingseinheiten anzubieten, die nicht mehr als 45 Minuten dauern, und das zweimal pro Woche. Zu hoch gesteckte Ziele und zu viel Aufwand zu Beginn der Mitgliedschaft können dazu führen, dass es den Kunden überfordert, was zu einem frühzeitigen Abbruch (Fluktuation) führen kann. Die ambitionierten und motivierten Neukunden werden die Intensität schon selber steigern oder beim Trainer im Gespräch den Wunsch danach äussern.

Die Frage nach den Kosten, die jeden Kunden bewegt, kann auf zweierlei Art beantwortet werden. Wenn das Unternehmen sich entscheidet, Masse statt Klasse anzubieten, so wie es Fitnessdiscounter tun, kann es mit den Wettbewerbern zu einem Preiskampf kommen, bei dem nur das niedrigste Angebot zählt, und nicht, was für den Preis alles (nicht) angeboten wird. Bietet ein Studio aber durch Fachleute überwachtes Training in Sachen Gesundheit an und bietet so Qualität statt Quantität, weiss der Kunde dies meist zu würdigen. Qualität hat schliesslich ihren Preis, wie das Sprichwort sagt. Daher ist es wichtig, dass ein Unternehmen für sein Angebot Preise verlangt, die höher oder niedriger sind, als die der Konkurrenz, aber nie gleich. Sind die Preise gleich, werden in den Augen der Kunden auch alle anderen Aspekte vergleichbar, was jedoch oft nicht zutrifft. Es ist oft sogar ratsam, etwas teurer zu sein, als die Konkurrenz, da so der Anspruch, dass das Unternehmen hohe Qualität liefert, unterstrichen wird. «Wieso sonst können die so hohe Preise verlangen?», werden sich die Kunden fragen.

Damit die Interessenten sich von der Qualität des Unternehmens überzeugen können und damit das Unternehmen seine Abschlussquote erhöhen kann, bietet es sich an, dem Neukunden zu Beginn eine kostenpflichtige «Probemitgliedschaft» anzubieten und ihm dabei aber ein 30-tägiges Widerrufsrecht einzuräumen. Bei einem Widerruf innerhalb dieser Frist kommt ein langfristiger Vertrag nicht zustande.

Eventuell kann das Unternehmen auch anbieten, dass der Kunde sein Geld innerhalb von zwei Wochen ohne Risiko zurückfordern kann, in Form einer vierzehntägigen «Geld-zurück-Garantie». Der Kunde sieht, dass er einen Vertrag für 12 oder 24 Monate unterschreibt, weiss aber, dass er die Sicherheit hat, diesen Vertrag innerhalb von vier Wochen widerrufen zu können. Besonders die Zielgruppe der «Best Ager» liebt es, Kaufentscheidungen zu treffen, wenn sie mit einem Testzeitraum angeboten werden. Das funktioniert jedoch nur, wenn dem Kunden ein massgeschneidertes Programm als Lösung für sein Problem angeboten wird. Was auch immer das Problem des Kunden sein mag, er möchte auf jeden Fall eine auf seine Bedürfnisse zugeschnittene Lösung erhalten und möchte sich nicht so fühlen, als würde er das gleiche Programm wie jeder andere bekommen. Ein individuelles Kundenprogramm ist nicht nur für den Kunden wertvoll, sondern auch für das Studio, da individuelle Lösungen für mehr Glaubwürdigkeit sorgen.

9.1.5 Mitarbeiter

In vielen Fitnesscentern wird eine hervorragende Betreuung durch kompetente Trainer versprochen. Oft stellt sich den Kunden die Realität jedoch ganz anders dar. Die Trainer haben keine Zeit, weil sie beschäftigt sind. Oder der versprochene Support beschränkt sich auf ein kurzes «Hallo, alles klar, oder?» Eine regelmässige Betreuung, wie für eine gesundheitsorientierte Ausrichtung erforderlich wäre, wird selten angeboten.

Um wirtschaftlich zu überleben, benötigt ein Studio bis zu 500 Kunden für jeden angestellten Trainer. Dies bedeutet, dass jeder Gast sich mit bis zu 500 anderen Gästen teilen muss. Da bleiben nur wenige Minuten pro Kunde übrig. Von dieser Problemlage haben die Discounter in der Fitnessbranche in den letzten Jahren stark profitiert. Sie versprechen gar nicht erst eine kompetente Betreuung und locken stattdessen mit niedrigen Preisen für Abonnemente. Damit gehen die Discounter bewusst ein grosses Risiko ein, das jedoch nur die Kunden tragen. Falsches und unausgewogenes Training führt oft zu gesundheitlichen Schäden.

Das ist der Punkt, wo ein qualitativ hochwertiges Fitnessstudio ansetzen muss. «Der Fitnessstudio als Gesundheitsanbieter». Geht aber Gesundheit nur an Trainingsgeräten? Gesundheit ist als Differenzierungskriterium also offensichtlich nicht nur im Wettbewerb zum Discounter ungeeignet, Gesundheit taugt als Alleinstellungsmerkmal noch nicht einmal im Wettbewerb zum Joggen oder Radfahren.»

Diese Sichtweise zeigt einen Kunden, der entweder Geräte im Fitnessstudio benutzt oder joggt bzw. Rad fährt. Die Sichtweise enthält bedauerlicherweise nicht das, was ein qualitativ hochwertiges Fitnessstudio auszeichnet: kompetente Betreuung und sachgerecht angeleitetes Training. Es geht eben nicht um Kunden, die das Fitnessstudio einfach als Utensil benutzen, so wie sie auch einen Mietwagen oder ein Schliessfach am Bahnhof nutzen. Zudem ist klar, dass Menschen, die mit falschem Schuhwerk und mit überzogenen Vorstellungen durch die Gegend laufen, nicht joggen, und dass alle, die auf dem Klappfahrrad mit drei Gängen 500 Meter zum Supermarkt zurücklegen, nicht Rad fahren. Training, das die Gesundheit erhalten und fördern soll, ist etwas ganz anderes.

Nachdem ein Trainer mit einem Kunden einen individuellen Trainingsplan ausgearbeitet hat, sollte dieser regelmässig an den Fortschritt des Kunden angepasst werden. Trainiert der Kunde zwei- oder dreimal pro Woche, sollte diese Anpassung nach vier bis sechs Wochen geschehen. Ein Trainer verbringt also alle sechs Wochen mit einem Kunden eine Trainingsstunde. Diese Stunde, in der der Trainer den Kunden an den Geräten begleitet, dauert ca. 60 Minuten. Damit kann ein Trainer / eine Trainerin sechs Kunden pro Tag betreuen, an fünf Tagen in der Woche. In sechs Wochen sind das 180 Kunden, bevor ein Betreuungszyklus wiederbeginnt. Damit ist ein Trainer in der Lage, bis zu 180 Kunden zu betreuen. Je nach Intensität der Betreuung kann diese Zahl jedoch niedriger liegen.

Ein Studio, das mit einem klaren Konzept antritt und den Kunden Mehrwert vermittelt, sollte es nicht versuchen, preislich mit den Discountern mitzuhalten.

Qualität hat ihren Preis, so dass ein Mitgliedsbeitrag von 1'200 CHF jährlich pro Kunde als niedrig angesehen werden sollte. Bei solch einem Beitrag sorgt jeder Trainer für einen jährlichen Umsatz von 180 mal 1'200 CHF, also insgesamt 216'000 CHF, wenn es gelingt, die Kunden an das Unternehmen zu binden.

Wenn diese Anforderung nicht erfüllt werden kann, ist die Personaldecke des Studios zu dünn. Die Abwanderung der Kunden ist eine verständliche und notwendige Konsequenz. Somit kosten nicht nur Neueinsteiger den Trainern viele Arbeitsstunden, die für die Betreuung bestehender Kunden verloren gehen. Kunden beobachten dies und fühlen sich schlecht behandelt, was zur Abwanderung führen kann. Schliesslich werden Mitglieder, die das Fitnessstudio wechseln, im neuen Studio von den Trainern neu umworben und intensiv betreut. Sogenannte Trainingsnomaden sichern sich auf diese Weise immer wieder die Aufmerksamkeit eines Trainers.

Folgende Kriterien sind wichtig, um die Qualität eines Studios bei der Betreuung zu beurteilen:

- Hohe, zertifizierte Kompetenz der Trainer
- Klare, strukturierte Einführung in das Training
- Ausdauer- und Krafttest
- Erstellung von ca. sechs individuellen Trainingspläne pro Kunde und Jahr
- Präsenz von mehreren Trainern während der Stosszeit

Geeignete Trainer oder auch Kurs Instruktoren zu finden, die qualifiziert sind und zum örtlichen Publikum passen, ist schwierig. Es ist aber möglich, die Akzeptanz neuer Kräfte zu erhöhen und gleichzeitig den Kunden zu vermitteln, dass ihre Mitarbeit und ihre Meinung geschätzt werden. Kandidaten für eine Trainerstelle müssten sich dabei bereit erklären, einen (bezahlten) Probemonat im Studio zu absolvieren. Dabei wird der Kandidat / die Kandidatin bestimmte Kurse anbieten. Die Kursteilnehmer haben die Möglichkeit, seine / ihre beruflichen Qualitäten positiv oder negativ zu bewerten. Dazu erhalten die Kursteilnehmer einen Fragebogen in Form einer Postkarte, der drei oder vier kurze Fragen enthält.

Diese Fragen könnten wie folgt lauten:

Die Stunde hat mir gutgetan.	Note o 6 o 5 o 4 o 3
Die Stunde hat Spass gemacht.	Note o 6 o 5 o 4 o 3
Ich kann Freunden empfehlen hier teilzunehmen	Note o 6 o 5 o 4 o 3

Über den Lauf mehrerer Wochen bzw. eines Monats werden diese Bögen in einer dafür aufgestellten Box gesammelt. Wenn das Feedback positiv ist, wird es sofort akzeptiert und die Testphase für die Kandidatin / den Kandidaten ist abgelaufen. Die Begründung für dieses Verfahren liegt in folgenden Punkten:

- Die Kunden des Studios sind es, die das «Produkt», sprich den Trainer / die Trainerin «kaufen».
- Der neue Trainer und die neue Trainerin können ihre sportlichen Fähigkeiten, ihr Wissen, ihre Motivation und ihre sozialen und persönlichen Fähigkeiten unter Beweis stellen.
- Die Kunden beurteilen die Fähigkeiten des Personals aus einer anderen Perspektive als die Eigentümer.
- Die Kunden lieben es, Feedback abzugeben — und zu hören, was aus ihrem Feedback geworden ist.

Qualität ist immer ein entscheidender Faktor dafür, ob ein Fitnessstudio gegenüber seinen Konkurrenten seine Position behaupten kann. Daher sollten solche Beurteilungen auch regelmässig für die bereits fest angestellten TrainerInnen durchgeführt werden, als Qualitätskontrolle seitens der Kunden.

Es ist wichtig, darauf zu achten, dass genug Personal zur Verfügung steht. Dann können TrainerInnen, die einen Kurs nicht anbieten können, rasch durch einen Bereitschaftsdienst ersetzt werden. Den Trainern, die in Bereitschaft sind, kann eine zusätzliche Entschädigung angeboten werden. Schliesslich verhindert dieser Ansatz, dass zahlende Mitglieder in einem Studio ihre Mitgliedschaft kündigen, weil sie wütend sind, dass ein Kurs, für den sie bezahlt und Zeit investiert haben, häufig ausfällt. Es ist kein Trost für die Kursteilnehmer, dass ihre Frustration über den ausgefallenen Kurs mit einem kostenlosen Smoothie oder Shake ausgeglichen werden soll. Die Kursteilnehmer haben schliesslich den Kurs nicht «einfach so» ausgesucht, sondern wollen eine Leistung bekommen, von der sie sich im Vorfeld eine Befriedigung ihrer speziellen Bedürfnisse versprechen.

9.2 Kundenbezogene Massnahmen

9.2.1 Internetauftritt

Ein erster wichtiger Schritt ist es, die Strategie auch sichtbar umzusetzen. Diese lässt sich schnell mit dem Internetauftritt des Unternehmens zeigen.

Viele Interessenten, die nach einem Fitnessstudio suchen, um ihre Kondition und ihre Gesundheit zu verbessern, erhalten eine Darstellung, welche normalerweise mit dem Begriff der «Muckibude» bezeichnet wird. Die Reihen der Hanteln wirken in ihrer Mächtigkeit beeindruckend, aber auch beängstigend. Hiermit wird keinerlei Unterschied zu anderen Anbietern deutlich, da auch Discounter ein umfassendes Programm für Krafttraining anbieten.

Dass unter dem Stichwort «News» oft die Information auftaucht, dass es keinen News gibt, ist bedauerlich, da Neuigkeiten jeder Art für jeden Menschen interessant sind. Hier scheint es ratsam, über diesen Kanal Themen zu verbreiten, welche die Kunden auf die Möglichkeit hinweisen, wie sie aus dem Angebot des Studios einen Mehrwert generieren können. «Kennen Sie schon unseren…?», ist ein typischer

Satzanfang, der ein Angebot anpreist, das nicht unbedingt im strengsten Sinne des Wortes «neu» sein muss.

Wählt ein zukünftiger Kunde einen Programmpunkt aus, soll er auch ausführlich über die Möglichkeiten im Studio seiner Wahl informiert werden. Hier ist ein Punkt, bei dem angesetzt werden muss, wenn es darum geht, die Nischen der jeweiligen Studios herauszustellen.

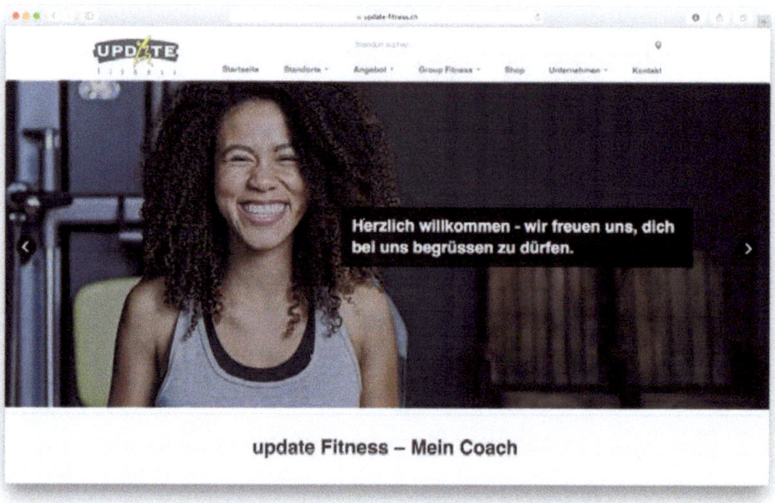

Abbildung 20: Screenshot Update Fitness 1

Quelle: update-fitness.ch

Der Wettbewerber Update zeigt ein grossformatiges Bild auf seiner Homepage. Mehrere Dinge fallen auf:

- Die Seite enthält einen freundlichen Willkommensgruss.
- Der Fokus des Bildes ist auf eine Person gerichtet, nicht auf Geräte.
- Die Navigationsleiste ist leicht zu finden.

Insgesamt fühlt sich ein Besucher der Seite als Mensch angesprochen, dem von anderen Menschen ein Angebot gemacht wird, ihn zu coachen. Hier wird bereits Kundenzentriertheit realisiert.

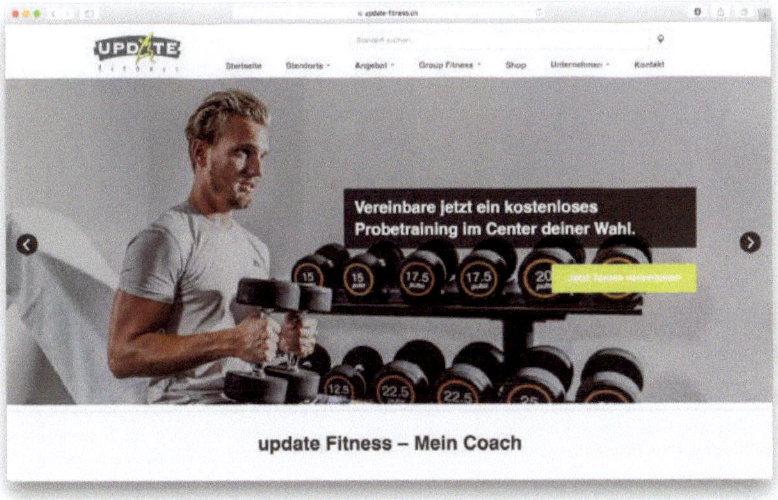

Abbildung 21: Screenshot Update Fitness 2

Quelle: update-fitness.ch

Auch das zweite Bild, das auf der Homepage von Update Fitness zu sehen ist, fokussiert auf gewisse Aspekte. Hier arbeitet ein Mann mit Hanteln, die Hantelbank ist auch zu sehen, jedoch wirkt sie in keiner Weise dominierend oder bedrohlich. Der Mann scheint ernsthaft mit den Hanteln zu arbeiten; sein Bild zeigt daher ganz andere Aspekte der Kundschaft von Update Fitness als die Frau mit dem strahlenden Lachen, die einen anderen ethnischen Hintergrund hat als der Mann.

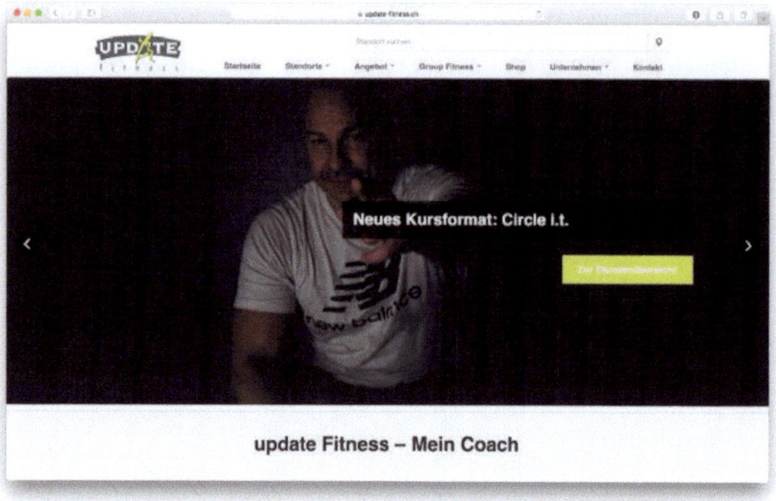

Abbildung 22: Screenshot Update Fitness 3

Quelle: update-fitness.ch

Im dritten Bild ist - wenn auch nur undeutlich - ist ein Mann zu erkennen, der altersmässig vermutlich in die Kategorie 50+ gehört. Er streckt die Hand zum Betrachter des Bildes aus, reicht ihm geradezu die Hand, um ihn zu Update-Fitness einzuladen. Alle drei Bilder sind also auf Personen bezogen und stellen damit Menschen in den Mittelpunkt, keine Maschinen. Im Rahmen einer kundenzentrierten Strategie ist dies ein Weg, um zu zeigen, dass für eine Firma die Kundschaft im Mittelpunkt steht.

Aspria ist eine in London ansässige Firma, die hochpreisige Spa- und Fitnessstudios in Berlin, Hamburg, Hannover, Mailand und Brüssel betreibt. Obwohl die Firma kein direkter Wettbewerber für Unternehmen in der Schweiz ist, bietet der Internetauftritt des Anbieters aus dem Luxusbereich interessante Anregungen.

Das erste Bild, das beim Aufrufen der Homepage gezeigt wird, zeigt einen Pool, der direkt in einen See mündet. Gleichzeitig sieht man eine einzelne, vermutlich weibliche Person, welche die Aussicht vom Pool aus geniesst.

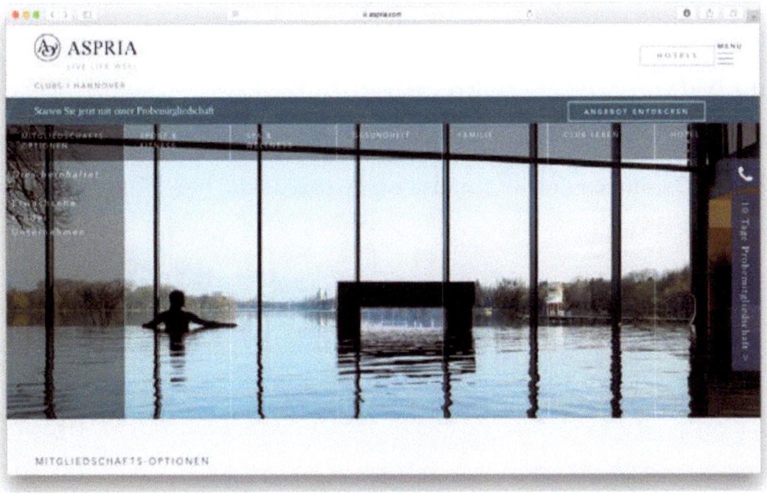

Abbildung 23: Screenshot Aspiria 1

Quelle: aspria.com

Dies ist eine gekonnte Verbindung des Angebots mit der Kundschaft, die dieses Angebot nutzt. Das Bild, das für die Sparte «Sport und Fitness» steht, zeigt nicht nur den Pool, der hier das Fitnessgerät ist, sondern auch das luxuriöse Flair, das für die Kundschaft einen Mehrwert darstellt.

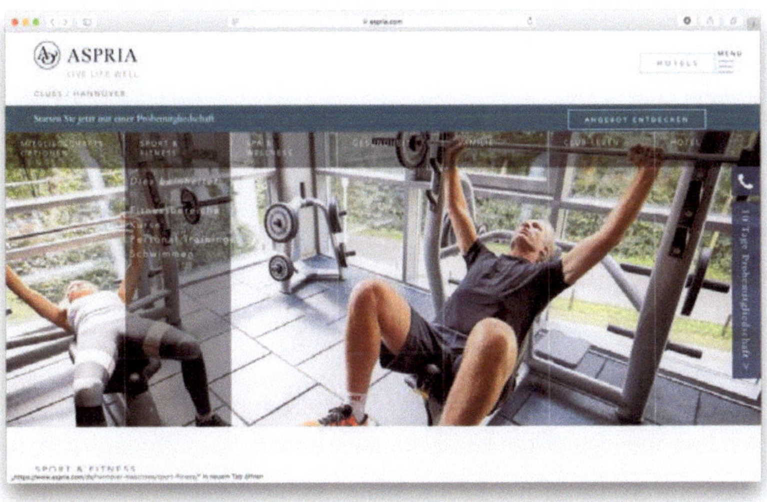

Abbildung 24: Screenshot Aspiria 2

Quelle: aspria.com

Das zweite Bild von Aspria ist anders gelagert. Es zeigt zwei Menschen bei der Arbeit mit Gewichten. Der Mann auf der rechten Seite ist sicher nicht dem jungen Publikum zuzurechnen. Damit zeigt das Foto, das bei Aspria auch ältere Kunden willkommen sind und dort aktiv sein können.

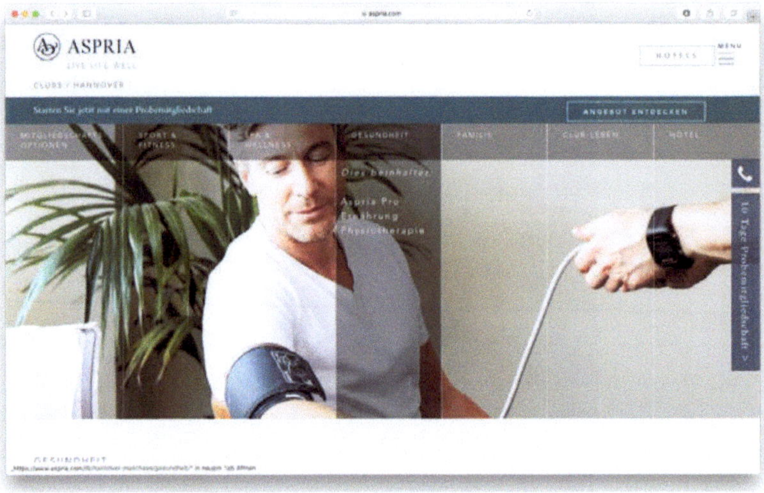

Abbildung 25: Screenshot Aspiria 3

Quelle: aspria.com

Das dritte Bild der Homepage von Aspria zeigt, dass mit Sport und Fitness auch gesundheitliche Aspekte verbunden sind. Erneut ist der Mann im Zentrum der, aufgrund der Abbildung, sicherlich der Gruppe 40+ zuzurechnen ist.

Insgesamt zeigen die Bilder des hochpreisigen Anbieters also vorwiegend ältere Kunden, die ein Interesse an der Erhaltung und Kontrolle ihrer Gesundheit haben.

Die beiden letzten Beispiele sind recht unterschiedlich, haben aber beide gezeigt, dass es problemlos möglich ist, das Hauptaugenmerk des Internetauftritts eines Fitnessstudios auf die Kundschaft des Studios zu legen. Zielgruppen können klar mit Angeboten angesprochen werden, die auf sie zugeschnitten sind. Für qualitative

Anbieter, die eine Nische besetzen ist es ratsam, den Internet-Auftritt auch entsprechend Zielgruppen gerecht zu gestalten.

9.2.2 Rückgewinnungsmarketing

Eine zentrale Erkenntnis hinsichtlich einer nachhaltigen Geschäftsstrategie ist die Tatsache, dass langfristige Kundenbeziehungen weitaus profitabler sind, als diejenigen, die sich nur auf einzelne, eventuell zufällige Transaktionen konzentrieren. Daher sind Fitnessstudios, die keine Produkte an zufällige Passanten verkaufen, darauf angewiesen, ihre Kunden durch Abonnemente und Verträge längerfristig an sich zu binden. Dennoch besteht auch hier die Gefahr, dass Verträge und Abonnemente nach dem Ende der Laufzeit nicht wieder verlängert werden und die Kunden abwandern. Kundenfluktuation ist einer der grössten Kostentreiber für Unternehmen.

Die Bindung von Kunden steht daher im Zentrum einer nachhaltigen Geschäftstätigkeit, nicht die ständige Akquise von Neukunden. Zudem werden oft die Kunden, die einen Vertrag nicht verlängert haben, als verlorengegangene Kunden betrachtet, wegen denen keine weitere Anstrengung verschwendet wird. Das ist jedoch kontraproduktiv, da diese Kunden bereits bewiesen haben, dass in ihnen ein mögliches Geschäftspotential ruht.

Wenn die Anzahl der Neukunden die Zahl der abgewanderten Kunden kompensiert, befassen sich Unternehmen oft nicht mit dem Problem. Rückgewinnungsmanagement verlangt Rückgriff auf Instrumente, die nicht notwendigerweise bekannt sind. Zudem wird die Abwanderung von Kunden schlicht ignoriert, weil sie in einer auf den geschäftlichen Erfolg konzentrierten Kultur ein Versagen darstellen. Dieses Versagen liegt den Unternehmen zufolge jedoch nicht in etwaigen falschen Produkten, sondern daran, dass das Unternehmen bislang die «falschen» Kunden angezogen hat.

Es verwundert nicht, dass dies ein Bisschen so klingt, als fühlten sich die Unternehmen wie verschmähte Liebhaber. In jedem Fall liegt das Augenmerk der Forschung zum Dienstleistungsmarketing im Forschungsbereich Beziehungsbeendigung, sprich auf den Abwanderungsprozessen von Endkonsumenten. Die vom Kunden initiierte Beendigung der Beziehung ist dabei ein Schwerpunkt der Untersuchungen. Während das Unternehmen die Beziehung fortsetzen möchte, ist der Kunde aus verschiedensten Gründen nicht mehr daran interessiert. Hier muss das Unternehmen mehr über die Einflussfaktoren und die Abläufe von Abwanderungsprozessen in Erfahrung bringen.

Michalski (2002) stellt dazu fest, dass sich diese Perspektive «auch in den bisherigen konzeptionellen Beiträgen sowie empirischen Untersuchungen wider[spiegle]. Beiträge, welche die Kundenperspektive in das Zentrum der Betrachtung stellen, beschäftigen sich primär mit Fragestellungen im System des Kunden. Die Entstehung sowie die Gründe von Kundenunzufriedenheit im Sinne eines Abgleichs von Kundenerwartungen und der Kundenwahrnehmung mangelhafter Leistungen, steht hier im Mittelpunkt der Diskussion.»

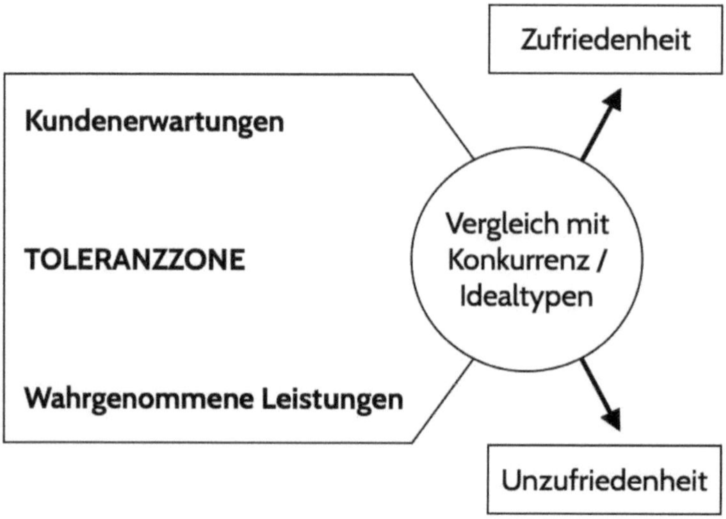

Abbildung 26: Kundenperspektive der Abwanderung

Quelle: Eigene Darstellung, basierend auf Michalski 2002, S. 6

In jedem Fall sind die Leistungen des Unternehmens für den Kunden nicht mehr zufriedenstellend. Dies kann sein, weil ein anderes Unternehmen ein besseres Angebot hat, oder weil die idealtypischen Vorstellungen, die der Kunde aufgebaut hat, nicht erfüllt werden. Es ist auch möglich, dass der Kunde einfach «etwas mehr» erwartet hat, angesichts der Tatsache, dass er annehmen wird, dass er das Unternehmen für seine Dienste gut bezahlt. Michalski fügt hinzu: «Die Beendigung von Kundenbeziehung kann auch durch das Unternehmen selbst geplant und durchgeführt werden. Die Bereinigung des Kundenstammes steht hier vielfach im Zentrum des Interesses; aber auch rechtliche Gründe zwingen Unternehmen zu einer Auflösung bestehender Kundenbeziehungen.»

Forschungsbeiträge, welche die Unternehmensperspektive untersuchen, beschäftigen sich «primär mit der adäquaten Reaktion von Unternehmen auf Kundenunzufriedenheit sowie -abwanderungen. Diese Reaktion kann grundsätzlich aktiv oder passiv ausfallen. Bei einer passiven Verhaltensweise des Unternehmens wird nicht auf Kundenabwanderungen reagiert, sondern diese als unvermeidlich angesehen.»

Diejenigen, welche die Kundenfluktuation als gegeben hinnehmen, müssen jedoch mit hohen Kosten für eine nicht nachhaltige Geschäftsführung rechnen. Auf der anderen Seite werden aktiv agierende Unternehmen die Kundenbeziehung als solche untersuchen. Manche Unternehmen entwickeln, wie in der folgenden Abbildung ihre Kundentypologien, um geeignete Reaktionsmuster zu definieren.

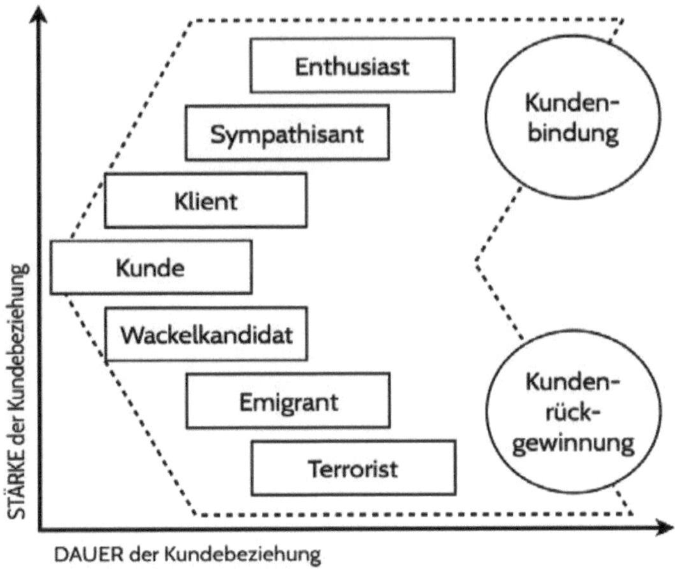

Abbildung 27: Geschäftsperspektive der Kundenbeziehungen

Quelle: Eigene Darstellung, basierend auf Michalski 2002, S. 6

Schöler (2011) stellt dabei fest: «Verlorene bzw. abgewanderte Kunden sind jedoch eine interessante Zielgruppe, die im Unternehmen gehalten werden sollte, um periodenbezogene bzw. zukünftige positive Deckungsbeiträge zu sichern und zusätzliche Akquisitionskosten zum Ersatz der abgewanderten Kunden zu vermeiden.» Eine Reduzierung der Akquisitionskosten ist dabei in doppelter Hinsicht interessant, weil die freiwerdenden Mittel dazu verwendet werden können, durch Kundenbindungsmassnahmen profitable Kunden beim Unternehmen zu halten.

Informationen, die von zurückgekehrten Kunden gewonnen werden können, verraten nicht nur die Abwanderungsgründe, sondern bieten auch die Möglichkeit, die der Abwanderung zugrundeliegenden Ursachen zu ändern. Leistungsmängel können erkannt werden, wodurch eine Verbesserung und Weiterentwicklung des Leistungsangebots ermöglicht wird. Die Rückgewinnung der Kunden ist auch deshalb wichtig, weil bereits geringe Unzufriedenheiten, denen nicht begegnet wurde, zur negativen Mundpropaganda der unzufriedenen Kunden führen können. Die

Abbildung unten fasst die wichtigsten Bereiche zusammen, in denen Erkenntnisse durch zurückgewonnene Kunden erhalten werden können:

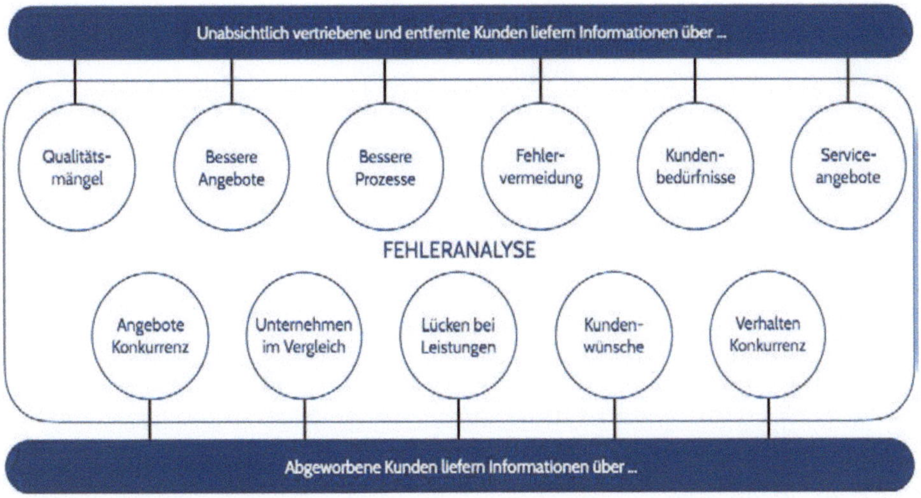

Abbildung 28: Fehleranalyse durch Kundenrückgewinnung

Quelle: Eigene Darstellung

Ganz allgemein kann gesagt werden, dass die Unzufriedenheit des Kunden vom Unternehmen dadurch ausgelöst werden kann, weil das Angebot des Unternehmens nicht an die Bedürfnisse der Kunden ausgerichtet ist. Weitere Gründe sind:

- Geringe Beratungsqualität
- Mangelhafte Kundenbetreuung
- Preisgestaltung
- Negativer Ruf des Unternehmens
- Unsachgemässe Beschwerdebearbeitung

Natürlich kommt es auch durch die Angebote anderer Anbieter innerhalb des Wettbewerbs zu einer Abwanderung. Das andere Angebot zeichnet sich meist durch folgende Aspekte aus:

• Höherer Mehrwert
• Qualitative Überlegenheit
• Spezifischer, geldwerter Vorteil

Die abwandernden Kunden Lassen sich ganz allgemein in vier Gruppen einteilen. Die folgende Grafik stellt eine Übersicht darüber dar:

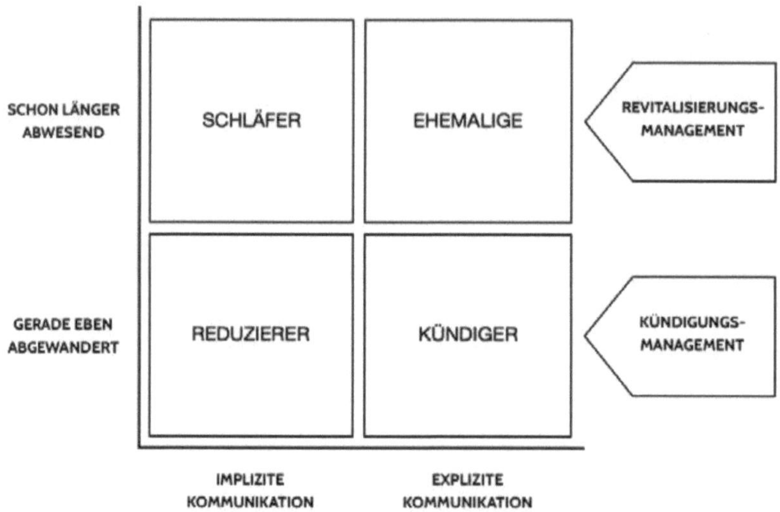

Abbildung 29: Zieltypen des Kundenrückgewinnungsmanagements

Quelle: Eigene Darstellung, basierend auf Schöler, 2011, S. 504.

Die Kategorie der «Schläfer» ist für Fitnessstudios durchaus relevant, obwohl im Handel damit Karteileichen mit ausbleibendem Umsatze gemeint sind. Im Falle eines Fitnessstudios gibt es per se keine eigentlichen Karteileichen, da ein Vertrag, für den weiteren Zahlungen eingehen, für den der Kunde aber keine Leistungen empfängt, weiterhin Einnahmen bringt. Dennoch ist es gerade hier wichtig, die «Schläfer» wieder zu reaktivieren, da so gezeigt wird, dass das Studio ein tatsächliches Interesse am Wohlergehen der Kunden hat. Dies fördert den Ruf des Studios nachhaltig.

Zu «Ehemaligen» besteht schon seit längerer Zeit keine explizite Geschäftsbeziehung mehr. Wenn diese Kunden zu einem anderen Anbieter gewechselt sind, könnten sie abgeworben werden. Oft ist der ursprüngliche Grund, weshalb ein Fitnessstudio besucht wurde, weiterhin vorhanden, ohne dass er jedoch verfolgt würde, da es zeitlich und von der Anstrengung her nicht mehr in die Lebensplanung der Kunden zu passen scheint. Hier können Kunden zurückgewonnen werden, wenn die entsprechende Überzeugungsarbeit geleistet wird, die zu einem Neuanfang der Aktivität motiviert.

«Reduzierer» sind für Fitnessstudios üblicherweise nicht relevant. Dieser Typus taucht eher bei Versicherern und Banken auf, wo der Kunde mehrfache Verträge hält, sprich mehrere Versicherungen bzw. mehrere Konten. Es ist jedoch eine Überlegung wert, das Angebot des Fitnessstudios so zu staffeln, dass es die Möglichkeit gibt, Komponenten des eingegangenen Vertrags zu reduzieren. So kann das Abwandern durch Anpassung des Vertrages an den Wunsch des Kunden eventuell abgefangen werden.

«Kündiger» teilen dem Unternehmen die vollständige Aufgabe der Geschäftsbeziehung ausdrücklich mit und werden aus diesem Anlass zur Verhinderung der Abwanderung angesprochen. Gerade hier muss das Rückgewinnungsmanagement einsetzen.

Ein zentrales Element der Kundenrückgewinnung ist die Qualität der Bemühungen des Unternehmens, die durch den Kunden wahrgenommen wird. Diese Qualität schliesst folgende Punkte ein:

- Kontaktaufnahme
- Problemlösung
- Rückgewinnungsangebot
- Rückgewinnungsanreize
- Persönliches Gespräch

Das Unternehmen muss darauf achten, dass diese Punkte der vorhergehenden Analyse der möglichen Rückgewinnung entsprechen. Trotz einer individuellen Anpassung sollte nicht die Gefahr entstehen, dass auch andere Kunden aufgrund des Rückgewinnungsangebots ebenfalls kündigen.

Wurden Kunden von der Konkurrenz abgeworben, muss im Gespräch ermittelt werden, warum das Angebot der Gegenseite überlegen war, um es entsprechend kontern zu können. Sind Kunden ungewollt ausgeschieden, kann es zielführend sein, den Kunden eine Lösung des Problems anzubieten, die dem Kunden entgegenkommt und das Unternehmen nicht zu sehr belastet. Ausserdem ist zu prüfen, ob die Ursachen für die ungewollte Abwanderung weiterhin bestehen.

Kunden, die durch Mängel des Unternehmens vertrieben wurden, können nur dann zurückgewonnen werden, wenn das Unternehmen für das ursprüngliche Problem eine Lösung anbieten kann. Wenn die Abwanderung der Kunden aufgrund einer nicht geäusserten Beschwerde erfolgte, kann ein persönliches Gespräch die Gelegenheit bieten, diese Beschwerde direkt vorzutragen. In jedem Fall signalisiert das Unternehmen durch ein persönliches Gespräch, dass es die ausgesprochene oder unausgesprochene Beschwerde des Kunden ernst nimmt. Sollte die Unzufriedenheit des Kunden mit dem Beschwerdemanagement ein Grund für die Abwanderung sein, ist das ein entscheidender Schritt. Ein entsprechender Rückgewinnungsanreiz wird von den Kunden in der Regel als Entschuldigung bzw. Wiedergutmachung angesehen.

Schöler (2011) fasst die Bedeutung des Rückgewinnungsmanagements wie folgt zusammen: «Massnahmen der Rückgewinnung bieten Unternehmen eine wichtige Quelle der Differenzierung gegen den Trend der Standardisierung und Entpersonalisierung von Kundenbeziehungen. Sie signalisieren dem Kunden Wertschätzung sowie ein unternehmensseitiges Commitment in der Geschäftsbeziehung.» Die folgende Grafik zeigt die Schritte, die in einem Kundenrückgewinnungsprozess befolgt werden sollten:

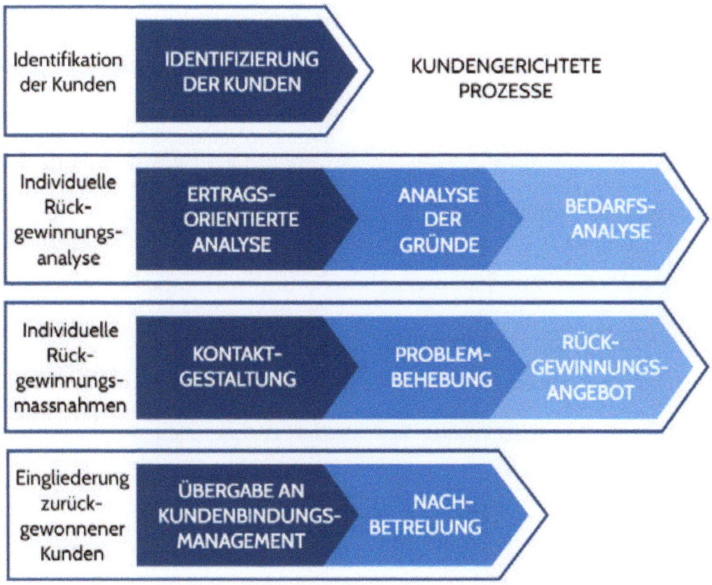

Abbildung 30: Kundenrückgewinnungsprozess I

Quelle: Eigene Darstellung, basierend auf Schöler, 2011, S. 503.

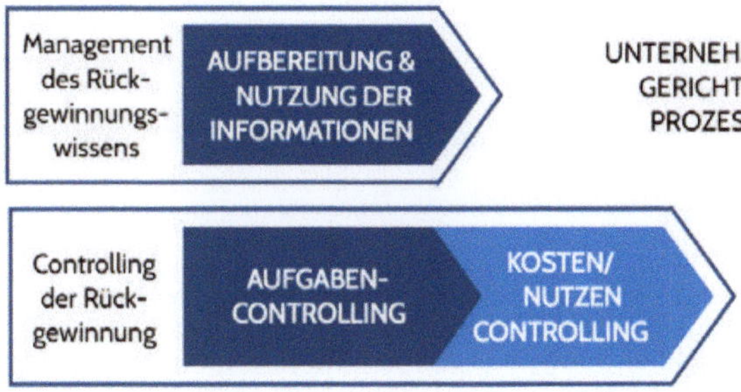

Abbildung 31: Kundenrückgewinnungsprozess II

Quelle: Eigene Darstellung, basierend auf Schöler, 2011, S. 503.

9.2.3 Kundenbindungsmanagement

Für jeden Besitzer eines Fitnessstudios gibt es schönere Momente als das Einsetzen einer Welle von Kündigungen zu Beginn des Sommers. Eine Kündigungsrate unter 15% ist für ein Fitnessstudio jedoch nahezu unmöglich zu erreichen. Schliesslich ist eine bestimmte Kündigungsrate unvermeidbar, weil bestimmte Umstände, die niemand ändern kann, bei den Kunden eintreten - ein neuer Beruf, Krankheit, neue Beziehungen oder ein neuer Wohnort. Gründe für die Abwanderung, die darüber hinausgehen, verraten einem viel über das eigene Studio. Die Fluktuationsrate ist dabei eine Art Fieberkurve, die Signale über den Zustand der Studios vermittelt.

Daher ist es das Hauptziel von Serviceunternehmen, die vorhandenen Kunden zufrieden zu stellen und nur wenige Abwanderungen zu verzeichnen. Schliesslich ist das Potenzial an Fitnesskunden für einen jeweiligen Standort begrenzt, und in einem begrenzten Einzugsgebiet kann man nicht auf unbestimmte Zeit nach neuen Mitgliedern suchen.

Das Einzugsgebiet eines Fitnessstudios liegt im Umkreis von maximal 15 Minuten Anfahrt. Dieses Einzugsgebiet ist in drei Teile unterteilt, wobei die Kunden der Innenzone (0-5 Minuten Anfahrt) den überwiegenden Teil des Kundenstamms ausmachen. Ihr Anteil beträgt etwa 70 %. Kunden der zweiten Zone mit bis zu 10 Minuten machen etwa 20% des Klientel aus, während Kunden der dritten, äusseren Zone (15 Minuten Anfahrt) nur etwa 10% des Kundenstamms darstellen. Daher ist es auch wichtig, das Einzugsgebiet der Wettbewerber zu analysieren und die gemeinsamen, überlappenden Gebiete zu erkunden.

Zu diesem Kundenstamm muss ein gutes Verhältnis aufgebaut werden. Das Verhältnis zwischen den Kunden und Anbietern von Dienstleistungen war schon immer beziehungsorientiert. Mit der Industrialisierung stand im Handel das Produkt im Mittelpunkt, nicht mehr der Kunde. Der Erfolg des Marketings wurde gemessen am Umsatz und an den Marktanteilen. Dies stellt sich bei Dienstleistungen anders dar. In den ersten Jahrzehnten des 21. Jahrhunderts ist die Bedeutung des Dienstleistungssektors stets gestiegen. Damit geht die Bedeutung von direkten Interaktionen einher, die den Weg zu einer stabilen Kundenbeziehung darstellen.

Die Voraussetzung für eine Kundenbeziehung ist der Kontakt zwischen dem Unternehmen und dem Kunden. Ein Unternehmen, das seine Beziehungen zum

Kunden pflegt, hat dadurch ökonomische Vorteile. Das Ziel ist es, dass der Kunde die Dienstleistung des Unternehmens nutzt und nicht bei den Wettbewerbern. Die Möglichkeiten, die Beziehung zu gestalten, werden durch den technologischen Fortschritt immer vielfältiger. Damit kann sich das Management in seiner Arbeit an Kundenbeziehung orientieren, die für das Unternehmen profitabel sind. Eine Verringerung der Fluktuationsrate von Kunden um 5 % kann bereits die Profitabilität um bis zu 100 % steigern kann.

Um eine Abwanderung von Kunden zu vermeiden, sammelt das Unternehmen Daten und Informationen über den Kunden. Diese Informationen werden im Marketing und vom Service genutzt, um eine langfristige Kundenzufriedenheit herzustellen, da die gewonnenen Erfahrungen und Informationen die Interaktion mit dem Kunden erleichtern. Ziel ist es, eine höhere Kundenzufriedenheit und eine stärkere Bindung des Kunden an das Unternehmen zu erreichen. Stauss und Friege (1999) konnten in einer Studie nachweisen, dass «der Return on Investment (ROI) eines Neukunden 23 % im Vergleich zu 214 % bei einem zurückgewonnenen Kunden beträgt.»

Wenn ein Kunde eines Fitnessstudios sein Abonnement kündigt, dann aus einem von mehreren Gründen. Diese haben jedoch wenig mit dem zu tun, was sich Betreiber von Fitnessstudios gerne als Alibi einreden. Selten ist das neue Discount-Fitnessstudio im Nachbarbezirk schuld, und dass es zu viele Arbeitslose oder andere wirtschaftliche Gründe gibt, ist meistens auch nicht wahr. Laut Antonio Silva, Experte für Gesundheitswirtschaft und Fitnessstudio Consulting gibt es für gewöhnlich folgende Gründe:

- 40% der Kunden kündigen, weil sie sich über einen Trainer oder einen Service bzw. dessen Fehlen geärgert haben. Dabei kann es sich um die Sauberkeit der Anlage, die Freundlichkeit des Personals oder den ständigen Ausfall bestimmter Kurse handeln.

- 30% der Kunden kündigen, weil sie sich langweilen und immer wieder dasselbe sehen (z. B. den schlechten Gerätezustand oder das immer gleiche Angebot an Gruppenkursen, die immer zur gleichen, nicht passenden Zeit stattfinden.
- 20% der Kunden kündigen, weil sie ihre Trainingsziele nicht erreicht haben bzw. nicht mehr erreichen wollen.
- 5% der Kunden kündigen, weil sie das Training nicht mehr mit einem neuen Arbeitsplatz, einer neuen Beziehung oder einem neuen Wohnort vereinbaren können.
- 4% der Kunden kündigen, weil sie ein neues Fitnessstudio entdeckt haben, dass Ihnen besser gefällt oder das preiswerter ist.
- 1% der Kunden ist tot oder zu krank, um zu kündigen.

Das zeigt, dass die Beziehung zum Kunden aus Sicht des Anbieters sowie aus Sicht des Kunden betrachtet werden muss. Ein gutes Kundenbeziehungsmanagement bzw. Customer Relation Management (CRM) bewirkt auf der Seite des Kunden eine emotionale Bindung an das Unternehmen, die zur Weiterempfehlung des Unternehmens führt. Das Unternehmen schöpft aus diesem Verhalten seinen Ertrag. Für das Unternehmen sind der Kundendeckungsbeitrag und der Customer Lifetime Value ebenfalls von Bedeutung.

Daher muss jeder Eigentümer eines Fitnessstudios mit seinen Kunden im ständigen Kontakt stehen, genauso wie es seine angestellten Trainer und Trainerinnen tun. Dies ist eine Voraussetzung für ein gelungenes Relationship Marketing. Insgesamt kann man die Qualität des eigenen Relationship Marketings mit den folgenden Fragen überprüfen. Die Fragen dürfen nur mit Ja oder Nein beantwortet werden:

- Versende ich mindestens viermal im Jahr einen Newsletter an meine jetzigen und früheren Kunden?
  o Ja o Nein

- Veranstalte ich mindestens fünf Seminare im Jahr zu den gesundheitlichen Fragestellungen, die der Information meiner Kunden und deren Freunde dienen?

  o Ja o Nein

- Gibt es in meinem Studio eine Check-In-Kontrolle, die mir mitteilt, wenn Kunden seit einiger Zeit (z. B. acht Wochen) nicht mehr zum Training erschienen sind, so dass ich mich mit Ihnen in Verbindung setzen kann?

  o Ja o Nein

- Kennen meine Mitarbeiter etwa 70% der Kunden mit Namen?

  o Ja o Nein

- Sind meine Kunden (und meine Mitarbeiter) über Facebook mit der Seite meines Unternehmens verbunden?

  o Ja o Nein

- Sind im Studio zu Stosszeiten mindestens zwei kompetente Fitnesstrainer im Trainingsbereich?

  o Ja o Nein

- Ist einer meiner Angestellten speziell für das Bearbeiten der Kundenbeziehungen verantwortlich?

  o Ja o Nein

Dieser Mitarbeiter ist für Reklamationen zur Lösung von Kundenanfragen verantwortlich. Im Eingangsbereich muss das Foto dieser Person mit Aufgabenbeschreibung deutlich sichtbar sein. Der Aushang muss Informationen darüber enthalten, wann die Person zu erreichen ist und wie sie zu erreichen ist (Präsenz im Studio, E-Mail-Adresse und Telefonnummer). Dieser Mitarbeiter muss in regelmässigem Kontakt mit jeder Bereichsleitung stehen, damit eventuelle Probleme schnell und effizient gelöst werden können.

Kundenbeziehungsmanagement muss im Fokus eines jeden Dienstleistungsunternehmens stehen. Der Grund dafür liegt im steigenden Wettbewerb und der Austauschbarkeit von Produkten. Die Unternehmen müssen auf die Erwartungen der Kunden mit individuellen Produkten und Dienstleistungen reagieren. Die Kundenorientierung ist also nicht nur auf das Marketing beschränkt, sondern wird als Strategie für das ganze Unternehmen gesehen, wie bereits gezeigt wurde. Die Strategie benutzt Faktoren wie die gegenseitige Interaktion, Kommunikation, Unterstützung, Empathie und die Fähigkeit, auf Kundenwünsche zu reagieren.

Das Wichtigste bei der Kommunikation mit Kunden ist, wie bereits gezeigt wurde, Interaktivität und ein grosser Informationsaustausch zwischen einem Anbieter und seinen Nutzern. Allerdings ist der Mangel an Interaktivität ein Problem für eine Mehrheit von Webseiten, die oft unzureichend sind und deren Produkt- bzw. Serviceinformationen veraltet sind. Anfragen die über die Webseite per E-Mail eingehen werden bei vielen Unternehmen nur mit Verspätung beantworten. Daher sind die Zusendung von Kunden-Grusskarten, personenbezogenen Informationen über bevorzugte Angebote und Dienstleistungen von Wichtigkeit. Neben der äusserst wichtigen Face-to-Face-Kommunikation müssen weitere wirksame Massnahmen zur sozialen Bindung angeboten werden, um Kundenzufriedenheit und Loyalität sicherzustellen.

Für die Nutzung von Social Media stehen verschiedene Instrumente zur Verfügung. Online-basierte Plattformen können zur Kommunikation, zur Zusammenarbeit von Benutzer und Unternehmen und zur Vernetzung untereinander benutzt werden. Dabei ist nicht immer klar, wo die Grenze zwischen Sender und Empfänger ist, denn letztendlich ist Social Media eine Möglichkeit für den Kunden sowohl Informationen zu konsumieren wie auch Informationsproduzent zu werden.

Unternehmen haben durch Corporate Blogs, auf so genannten Social Publishing Plattformen, die Möglichkeit des direkten und persönlichen Kontakts mit Kunden, aber auch mit anderen Stakeholdern. Auf dem Blog können Unternehmen Neuigkeiten verbreiten, zu verschiedenen Themen Stellung beziehen und unmittelbar auf Kommentare und Meinungen von Kunden und Stakeholdern eingehen. Der erfolgreiche Einsatz von Blogs hängt von der zeitnahen Versorgung mit Informationen und Neuigkeiten ab. Dazu müssen auch Kundennachrichten oder Kurzmitteilungen zeitnah und proaktiv beantwortet werden.

Ein wirksames Kundenbindungsmanagement entwickelt sich aus zwei Dimensionen: der Betrachtung des bisherigen bzw. tatsächlichen Verhaltens des Kunden und der Betrachtung der zukünftigen Verhaltensabsicht des Kunden. Im Rahmen des CRM kann das faktische Verhalten konkret gemessen werden. Die Kategorien lassen sich durch Kennzahlen ermitteln, beispielsweise durch die Erneuerungsrate für Verträge oder die Teilnahmefrequenz an Gruppenkursen.

Im Beziehungsmarketing kann zudem von einer mehrdimensionalen Betrachtungsweise ausgegangen werden. Da sich durch unterschiedliche Entwicklungsstufen in der Kundenbeziehung über die Zeit verschiedene Interaktionen mit dem Unternehmen ergeben und sich die Bedürfnisse des Kunden über die Jahre ändern, ist Zeit ein entscheidender Faktor. Während der Dauer der Austauschbeziehung verbessert sich für das Unternehmen die Informationsbasis und es entstehen zusätzliche Handlungsoptionen.

Involvement ist eine weitere Dimension in der Kundenbindung. Wenn Kunden emotional von einem Angebot berührt werden, sprich wenn sie Spass an dem Produkt oder an der Dienstleistung haben, hat das einen positiven Effekt auf die Kundenbindung. Das gleiche gilt auch, wenn das Produkt den Status des Kunden erhöht oder zu seinem Image beiträgt. Bei Angeboten zur Fitness und zur Kondition lässt sich das durch die Anerkennung von Leistungen leicht darstellen. Diese Wertschätzung der Leistung des Kunden wirkt sich ihrerseits positiv auf die Einstellung gegenüber dem Unternehmen aus. Der Nutzen des Unternehmens besteht zudem darin, dass durch die Integration der Kunden eine höhere Bindung an das Unternehmen entsteht und dass das Kundenwissen als Quelle für Information dienen kann, was zur Weiterentwicklung des Unternehmens und für Innovationen genutzt werden kann.

9.2.4 Kundenbeziehungsmanagement

Die Kundenbeziehungsstrategie ist entsprechend der Strategie, die das Unternehmen verfolgt, formuliert. In einer Kundenbeziehungsstrategie wird festgelegt, welche Kundengruppen das Unternehmen bearbeiten möchte. Gleiches gilt für die Kommunikationskanäle, mit denen das Unternehmen die Kundengruppen bearbeiten möchte und welche Marketinginstrumente dazu verwendet werden. Für eine derartige Strategie braucht das Unternehmen die organisatorischen Rahmenbedingungen. Das schliesst auch eine entsprechende Qualifikation des Personals mit ein.

Das Ziel der Strategie ist die Maximierung des Kundenwertes, der durch ein gesamtheitliches CRM im Unternehmen umgesetzt wird. Die Konzepte der Umsetzung beschäftigen sich mit den verschiedenen Komponenten der Kundenbeziehung und haben die Zielsetzung die Kundenzufriedenheit zu steigern, um dadurch eine langfristige Kundenbindung zu erzeugen.

Mit dem Konzept einer Kundenbeziehungsstrategie, die sich auf alle Unternehmensbereiche bezieht, wird ein klassischer Wettbewerbsvorteil angestrebt. Nach Porter ist eine Wettbewerbsstrategie «eine in sich stimmige Anordnung von Aktivitäten, die ein Unternehmen von seinen Konkurrenten unterscheidet». Die Strategie entscheidet darüber, welche Absichten ein Unternehmen verfolgt und welchen Weg bzw. welche Teilziele es sich auf diesem Weg steckt. Meist wird die Unternehmensstrategie aufgeteilt in kurzfristige, mittelfristige und langfristige Ziele.

Je nachdem wie eng der Begriff der Kundenbeziehungsstrategie gefasst wird, ergeben sich unterschiedliche Massnahmen. In jedem Fall muss jedoch ein Konzept entwickelt werden, das die Ausgestaltung der Kundenbeziehungen beschreibt.

Entscheidend dabei sind die Festlegung der Kundensegmente und die Instrumente, mit denen die Kunden bearbeitet werden.

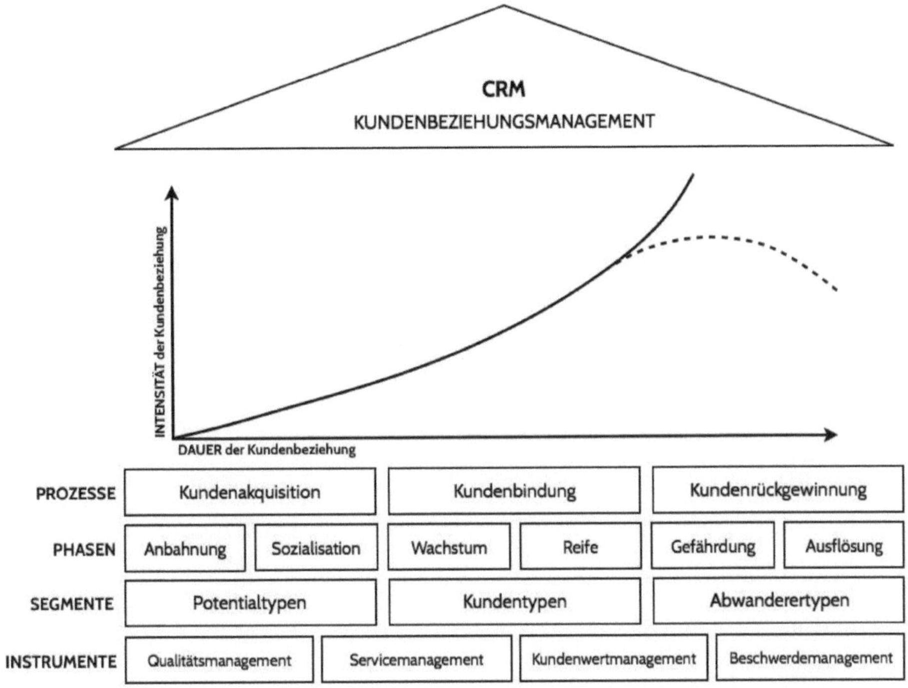

Abbildung 32: Elemente der CRM-Strategie

Quelle: Eigene Darstellung, basierend auf Georgi/Mink 2011, S. 62

Die Abbildung oben fasst die Elemente de CRM-Strategie zusammen. Die erste Ebene beschreibt die Prozesse der CRM-Strategie. In der zweiten Ebene sind die Phasen der Kundenbeziehung dargestellt. Die Segmentierung und die Instrumente sind weitere Dimensionen der Strategie.

Einen Vorteil gegenüber dem Wettbewerb und die entsprechende Positionierung im Markt erlangt das Unternehmen mit den besten Beziehungen zu den Kunden.

Bemerkenswerterweise betrachten die Unternehmen bisher die durch das Internet zunehmenden Preistransparenz nicht als eine wichtige Herausforderung. Das ist überraschend, da es Beweise gibt, die zeigen, dass diese Preistransparenz in der Tat sehr starke Konsequenzen für die Industrie haben kann. Vor allem in den Zeiten wirtschaftlicher Instabilität verspüren die Kunden einen noch stärkeren Druck, ein gutes Angebot zu finden.

Die zunehmende Preistransparenz wird vor allem eine Chance für Unternehmen sein, die es geschafft haben, ihr Geschäftsmodell so umzugestalten, dass sie den Kunden einen klaren Mehrwert bieten können. Oft richten sich digitalen Vermarktungsbemühungen von Unternehmen an jüngere Kundensegmente, während nur fünf Prozent der Werbung an die Generation 50 + gerichtet ist. Hier droht ganz klar der Verlust eines wichtigen Marktsegments. Besonders für Fitnessstudios gilt, dass dieses Potential genutzt werden sollte.

Bredenkamp (2018) zeigt sich in dieser Hinsicht skeptisch. Er schreibt: «Nur noch wenige Studiobetreiber [...] haben den Kampf gegen den Discount aufgenommen, indem sie auf Qualität als Differenzierungskriterium setzen. Sie glauben daran, dass Qualität sich letztlich durchsetzen wird. Allerdings steht Qualität im Verhältnis zum Preis und im Verhältnis zu den unschlagbar günstigen Preisen des Discounters ist dessen Qualität kaum zu toppen. Selbst wenn es den Einzelstudios gelänge, eine Qualität abzuliefern, die den Preisunterschied rechtfertige, würde es ihnen schwerfallen, diese Qualität am Markt auch entsprechend zu kommunizieren. Deshalb glaube ich nicht, dass Qualität im Wettbewerb zum Discounter ein geeignetes Differenzierungskriterium sein wird.»

Wenn jedoch «unschlagbar günstig» eine «Qualität» ist, sollte dies auch anderswo funktionieren. Ein Beispiel, das «günstig» nicht bedeutet, dass eine Sache auch qualitativ ausreicht, zeigen die O-Bikes, die in vielen Städten oft zu sehen sind, Obwohl ihr Anbieter längst pleite ist. Die Räder konnten unschlagbar günstig angemietet werden, aber sie hatten kaum die Qualität zu bieten, die man von einem Fahrrad erwartet. Eine Autorin von Spiegel-Online stellte diesbezüglich fest: «Der massive Rahmen, die Vollgummireifen und der unerklärliche Widerstand beim Treten machen das Rad so schwergängig, dass es selbst bergab an Tempo verliert.»

Wenn «günstig» solche Formen annimmt, kann es keinen Zweifel geben, dass sich Qualität am Markt behaupten wird.

9.3 Massnahmen zur Wertschöpfung

Die Strategie, die oben beschrieben wurde, bestimmt bereits ganz allgemein das Angebot der Studios, wie in der Definition der Nischen beschrieben. Das Tagesgeschäft wird jedoch nicht allein davon bestimmt. Die entscheidenden Faktoren, die bestimmen, worauf die Mitarbeiter des Studios bei ihrer täglichen Arbeit besonderen Wert legen, wird durch die Wertkette von Porter beschrieben. Darin sind Aktivitäten enthalten, die der Strategie der Kundenzentriertheit folgen, den Kunden einen Mehrwert liefern und dadurch zur Wertschöpfung beitragen. Dadurch, dass diese Tätigkeiten für die Kunden einen Mehrwert bedeuten, tragen sie bei den Kunden zur Wertschöpfung bei.

Da die Aktivitäten aber auch dafür sorgen, dass sich die Kunden im Studio kompetent beraten und gut aufgehoben fühlen und sich ganz allgemein wohlfühlen, tragen sie dazu bei, den Stamm loyaler Kunden zu stärken und damit die Fluktuationsrate zu senken. Zusätzlich wird dadurch ein weiterer Faktor der Wertschöpfung geschaffen, dass Kunden, die sich wohl fühlen, für eine positive Mundpropaganda bezüglich der Studios sorgen werden, was die Akquise von Neukunden erleichtern wird.

Im Folgenden werden die Tätigkeiten in den Bereichen Infrastruktur, Technologie, Personal und Service für das Unternehmen aus unserem Fallbeispiel der Fitnessbranche skizziert und in die Grafik der Wertschöpfungsaktivitäten nach Porter (Abb. 34) eingefügt, indem die Ergebnisse der Kundenbefragung mit einfliessen. Die von Porter vorgeschlagene Kategorie «Einkauf» ist für ein Serviceunternehmen keine ausschlaggebende Grösse. Spezielle Serviceleistungen für den Kunden sind in diesem Sinne wichtiger. Die Kategorien enthalten Vorschläge für die Bereiche der Input-Faktoren, der Produktion von Mehrwert für den Kunden, die Kommunikation, das Entgelt des Kunden und die Kundenbeziehung. Die Aktivitäten enthalten in Klammern Angaben, was sie zur Wertschöpfung (Vgl. WS) beitragen können und welcher Anteil des Budgets (Vgl. B) für die Aktivitäten aufgewandt werden muss.

Im Bereich Infrastruktur kommt es darauf an, dass die Aktivitäten die von den Kunden gewünschte Umgebung ermöglichen und erhalten. Da in unserem Fallbeispiel für alle Befragten das Ambiente ganz allgemein wichtig ist, gilt es hier, eine angenehme Umgebung für das Training zu schaffen (Vgl. WS 6%, B 8%), die dem Begriff «Ambiente», der Assoziationen mit anspruchsvoller Ausstattung bewirkt, weitgehend entspricht. Es gilt, Übersichtlichkeit zu schaffen und zu erhalten (Vgl. WS 3%, B 0%), und Abläufe und Anleitungen klar zu kommunizieren, so dass auch Klarheit darüber besteht, was sich wo befindet oder was wo getan werden muss (Vgl. WS 5%, B 1%).

Sauberkeit wird von allen Befragten hochgeschätzt, so dass regelmässig sichtbar und wirksam für gute Hygiene gesorgt wird. Dazu gehört es auch, an den Geräten desinfizierende Reiniger bereitzustellen und an geeigneten Stellen im Trainingsraum Papierhandtücher für die Kunden griffbereit zu halten (Vgl. WS 7%, B 4%). In jedem Fall muss die Infrastruktur geeignet sein, dass sich die Kunden darin wohlfühlen. Regelmässige Kontrolle der Zustände und das rasche Eingehen auf die Wünsche der Kunden gehören selbstverständlich dazu (Vgl. WS 7%, B 0%).

Das Personal ist ein entscheidender Faktor für den Erfolg von Fitnessstudios. Kompetenz ist bei den Trainern die wichtigste Eigenschaft, so dass es im Unternehmen darum gehen muss, diese Kompetenz bei Bedarf herzustellen, z. B. durch Schulungen und Trainingsmassnahmen über gesundheitliche Aspekte bei der Trainingsplanung. Bei diesen Schulungen kann es sich auch um ausser Haus stattfindende Einheiten handeln (Vgl. WS 4%, B 15%). Die vorhandene Kompetenz sollte dadurch unter Beweis gestellt werden, dass nur TrainerInnen mit entsprechend zertifizierter Qualifikation eingesetzt werden (Vgl. WS 8%, B 35%). Beide

Massnahmen sind unerlässlich, obwohl sie einen grossen Teil des Budgets beanspruchen, aber durch sie werden das Vertrauen und die Reputation aufgebaut, die das Fitnessstudio von anderen Unternehmen abhebt.

Gleichermassen ist das Personal zu schulen, welche Punkte bei der Kundenbetreuung zu beachten sind, wobei ein Augenmerk darauf gerichtet werden sollte, Informationen zu sammeln, die für die Kundenbindung wichtig sind (Vgl. WS 7%, B 0%). Gute Beratung (Vgl. WS 6%, B 0%) schafft Vertrauen, wie bereits erwähnt, und sollte gratis angeboten werden (Vgl. WS 4%, B 5%).

Die Technologie, die in den Studios vorhanden sein sollte, und die damit verbundenen Aktivitäten bezieht sich nicht auf besonders neue und moderne Geräte. Im Gegenteil, es geht darum die Geräte besonders einfach zu halten (WS 6%, B 7%) und gegebenenfalls zu technische Geräte gegen weniger anspruchsvolle auszutauschen. Die TrainerInnen sind angehalten, ein unkompliziertes Trainingsprogramm zu entwerfen (WS 3%, B 0%), das individuell auf den Kunden abgestimmt ist und klare Erläuterungen für den Gebrauch der Geräte enthält (WS 7%, B 10%). Für den Kunden ergibt sich neben der einfachen Bedienung, die nicht abschreckt, ein weiterer Mehrwert dadurch, dass sie Zeit sparen. Insgesamt fühlen sie sich besser aufgehoben und sehen, dass Kundenwünsche stets erfüllt werden (WS 5%, B 4%). Für das Unternehmen ergibt sich zudem Eine Kostenersparnis durch die geringeren Aufwendungen für die Instandhaltung (WS 5%, B 4%).

Durch einfache Serviceleistungen kann ein hoher Mehrwert für den Kunden geschaffen werden, der zur Kundenbindung beiträgt, der aber im Vergleich zur Wertschöpfung nicht viel kostet. So bietet es sich beispielsweise an, stehts frisches Obst bereit zu halten (WS 2 %, B 2 %), das verwendet werden kann, um bei Bedarf für die Kunden kostenlos Smoothies zu bereiten (WS 8%, B 2 %). In Verbindung mit dem Fokus auf Gesundheit empfiehlt es sich, in einem Newsletter regelmässig Gesundheitstipps zu versenden (WS 2%, B 1 %) und Veranstaltungen zur Erhaltung der Gesundheit anzukündigen. Zu bestimmten Terminen können kleine Geräte, welche die Gesundheit fördern, wie z.B. Massagebälle oder Faszienrollen, in grösseren Mengen eingekauft und an die Kundschaft weitergegeben werden. Der Mengenrabatt kommt dabei der Kundschaft zugute (WS 3 %, B 0%). Insgesamt gilt es, stets im Kontakt mit den Kunden zu bleiben, z.B. durch Newsletter, die gute Inhalte anbieten und den Kunden die Möglichkeit geben, über die Inhalte in Kontakt mit dem Unternehmen zu kommen (WS 2%, B 2%).

Die folgende Abbildung stellt die verschiedenen wertschöpfenden Aktivitäten im Überblick dar:

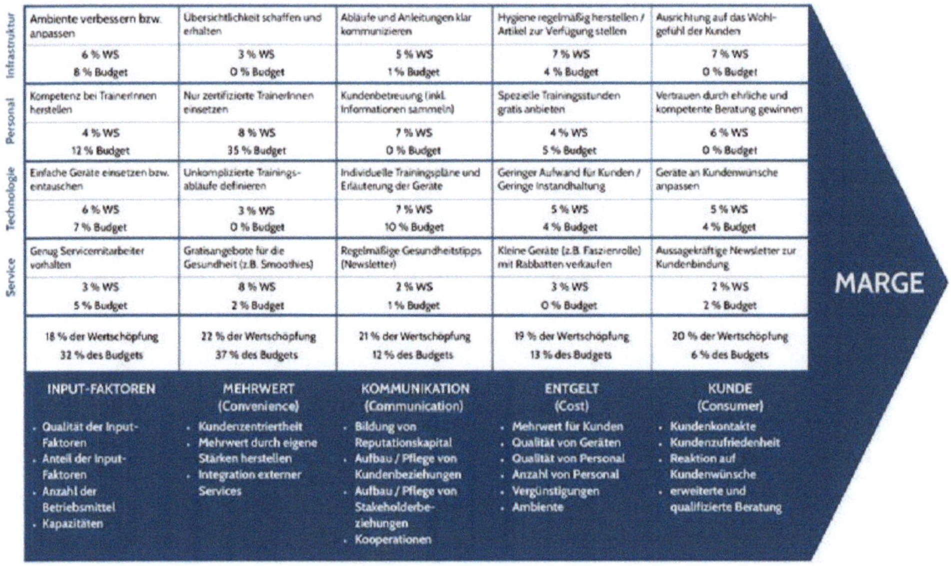

Abbildung 33: Wertschöpfungsaktivitäten

Quelle: Eigene Darstellung, nach Porter 1999, S. 34.

10 Prüfung des Erfolgs

10.1 Ergebnisse aus dem Fallbeispiel

Der Erfolg des Konzepts muss wirtschaftlich messbar sein. Darüber gibt uns die Analyse der relevanten Kennzahlen in Porters Wertkette Auskunft. Doch auch die Akzeptanz durch die Kundschaft muss überprüft werden. Dazu sollte nach Einführung der definierten Massnahmen eine zweite Umfrage unter den Kunden des Unternehmens durchgeführt werden.

Die gewonnenen Ergebnisse aus der zweiten Kundenbefragung können erneut als Zahlen ausgedrückt und entsprechend verwendet werden, um durch eine einfache Korrelationsanalyse Zusammenhänge darzustellen. Dadurch ist es möglich, Zusammenhänge in verschiedenen Variationen mit unterschiedlich ausgestatteten Variablen darzustellen und zu überprüfen.

Das Modell, das zur Findung und zur praktischen Umsetzung dieser Strategie vorgeschlagen wurde, hat sich für das Unternehmen aus unserem Fallbeispiel bewährt und hat folgende Ergebnisse erbracht:

10.1.1 Strategiefindung

Diese Arbeit zeigt, dass die strategische Positionierung von Premium-Fitnessstudios sorgfältiger Analyse und Planung bedarf. Annahmen darüber, was gemacht werden kann und was nicht, sind nicht notwendigerweise richtig. Diese Erkenntnis lässt sich gewiss auf alle Dienstleistungsunternehmen übertragen. Daher ist es wichtig, in mehreren Schritten die tatsächliche Lage und die tatsächlichen Chancen eines Unternehmens zu klären.

Die Wettbewerbsanalyse zeigte, wie wichtig es ist, dass sich ein Unternehmen einen Wettbewerbsvorteil verschafft. So existierten in der Schweiz im Jahr 2019 ca. 1'200

Fitnessstudios. Diese Zahl schliesst 330 Studios ein, die über einen Zeitraum von drei Jahren zur ursprünglichen Zahl hinzugekommen sind. Die Studios machten 2019 einen geschätzten Umsatz von 1 Milliarde CHF oder im Durchschnitt 833'000 CHF pro Studio. Ohne die Neuzugänge hätte der 2019 generierte Gesamtumsatz bei 1'150'000 CHF pro Studio gelegen. Obwohl dies nur sehr grobe Anhaltspunkte sind, zeigen die Zahlen doch, dass sich der Konkurrenzkampf verstärkt hat und dass dieser Konkurrenzkampf sich eindeutig auf die Wirtschaftlichkeit eines Studios auswirkt.

Die neue Definition des Marketing Mix zeigt auch, dass eine Firma nur die Produkte verkaufen kann, welche die Konsumenten wollen oder brauchen. Daher ist es für jedes Unternehmen wichtig, genaue Studien zu betreiben, welche Wünsche und Bedürfnisse seine Kundschaft hat. Diese Wünsche und Bedürfnisse unterliegen heutzutage einem ständigen Wandel und können nicht als gegeben angenommen werden. Es ist aber möglich, durch die sozialen Medien einen direkten Dialog mit den Konsumenten aufzubauen, in dem Feedback und Wünsche direkt vom Verbraucher an die Firma weitergegeben werden.

Die Analysen ermöglichen es einem Unternehmen, sich auf eine von drei generischen Wettbewerbsstrategien festzulegen, die Porter beschrieben hat und die in der folgenden Grafik dargestellt sind:

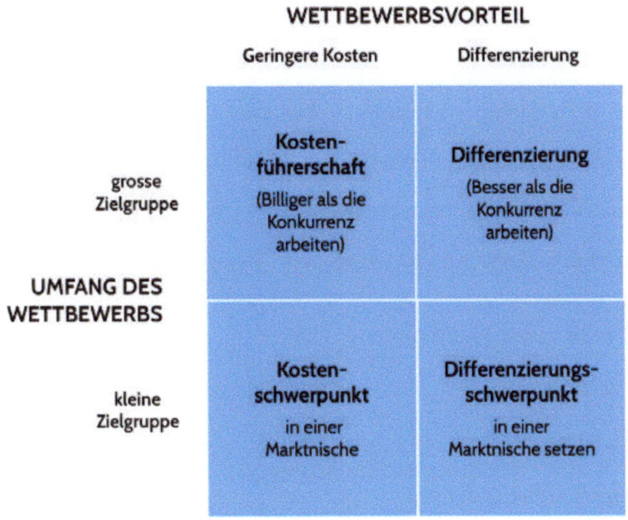

Abbildung 34: Generische Strategien

Quelle: Eigene Darstellung, nach Porter 1999, S. 34.

«Bei einer Wettbewerbsstrategie geht es darum, anders zu sein. Und das bedeutet, bewusst eine unübliche Anzahl von Tätigkeiten zu wählen, die eine einzigartige Mischung an Werten verheissen», so Porter. Dabei zeigt sich, dass für Dienstleister im Prinzip nur eine Strategie geeignet ist.

Die Übernahme der Kostenführerschaft in der gesamten Industrie ist für kleine Unternehmen kaum zu erreichen. Kostenführerschaft erfordert nämlich:

- aggressiven Aufbau eines Betriebs mit effizienter Grössenordnung,
- unnachgiebige Kostensenkungen,
- enge Kosten- und Gemeinkostenkontrolle,
- Vermeidung von wenig einträglichen Kundenkonten und
- Kostenminimierung in Bereichen wie F & E, Service, Aussendienst, Werbung usw.

Das Erreichen einer niedrigen Gesamtkostenposition ist oft nur dann möglich, wenn das Unternehmen einen relativ hohen Marktanteil hat oder andere Vorteile besitzt, beispielsweise einen günstigen Zugang zu Rohstoffen.

Die zweite generische Strategie besteht darin, das Produkt- oder Dienstleistungsangebot des Unternehmens zu differenzieren und etwas zu schaffen, das branchenweit als einzigartig wahrgenommen wird. Ansätze zur Differenzierung können sich in vielen Bereichen ergeben, zum Beispiel bei:

- Design oder Markenimage
- Technologie
- Ausstattung
- Kundendienst
- Händlernetzwerk, oder in anderen Bereichen.

Idealerweise unterscheidet sich das Unternehmen in mehreren Dimensionen von der Konkurrenz. Auch dies ist für kleinere Dienstleister schwer zu erreichen.

Die dritte generische Strategie konzentriert sich auf

- eine bestimmte Käufergruppe,
- ein bestimmtes Segment der Produktlinie,
- oder einen bestimmten geografischen Markt.

Die Fokusstrategie ist darauf ausgerichtet, ein bestimmtes Ziel sehr gut oder sehr günstig zu bedienen, und jede Aktivität des Unternehmens wird unter Berücksichtigung dieser Ziele entwickelt. Die Strategie beruht auf der Prämisse, dass das Unternehmen so in der Lage ist, sein enges strategisches Ziel effektiver oder effizienter zu bedienen als die Konkurrenz, da diese auf einem breiteren Marksegment konkurriert. Auch wenn diese Strategie aus Sicht des Gesamtmarkts keine niedrigen Kosten oder Differenzierung von der Konkurrenz bewirkt, erreicht sie durch ihre kleine Zielgruppe entweder eines oder beide dieser Ziele.

10.1.2 Kundenzentrierung

Der seit den 1990er Jahren gültige Marketing Mix stellt fest, dass ein Unternehmen nicht mehr den Kunden suggerieren kann, was sie kaufen sollen, sondern dass das Unternehmen nur die Produkte verkaufen kann, welche die Kunden haben wollen oder brauchen. Deswegen müssen besonders Dienstleistungsunternehmen genaue Studien betreiben, was die Wünsche der Konsumenten angeht. Eine Mittlerweile gängige Methode ist es, durch die sozialen Medien einen direkten Dialog mit den Konsumenten aufzubauen, in dem Feedback und Wünsche direkt von den Kunden in Erfahrung gebracht werden. Wichtige Elemente sind dabei:

- Kundenkontakt und Kundenzufriedenheit
- Reaktion auf Kundenwünsche
- erweiterte und qualifizierte Beratung

Für den Kundenkontakt und die Kundenzufriedenheit ist die richtige Kommunikation mit dem Kunden entscheidend. Dabei geht es weniger um die klassische Werbung, die manipulativ ist, sondern um echte Kommunikation, die auf eine Kooperation mit dem Verbraucher abziele. Es muss dem Unternehmen darum gehen, wechselseitige Beziehungen zu ihren Kunden aufzubauen und zu pflegen. Sie nutzen dabei Techniken des Social-Media-Marketing und konzentrieren sich auf einen kollaborativen Ansatz, der aktuelle, potenzielle und ehemalige Kunden gleichermassen umfasst, aber auch Mitarbeiter und Lieferanten miteinbezieht. Die Erfassung und Nutzung des Feedbacks, das von diesen unterschiedlichen Stakeholdern über Social-Media-Plattformen bereitgestellt wird, ist für die Unternehmen dabei von zentraler Bedeutung und beschreibt auch was das Unternehmen für die Kunden zu deren Wertschöpfungsprozess beitragen kann.

Ein Vorteil, der bei einer regelmässigen und ehrlichen Kommunikation mit dem Kunden auftreten kann, ist das positive Word of Mouth-Marketing, also eine gute Mund-zu-Mund Propaganda. Dabei funktioniert die Kommunikation nicht direkt vom Dienstleister zum Kunden, sondern von Konsumenten zu Konsumenten. Die Glaubwürdigkeit der Botschaft sinkt nur, wenn sie von offensichtlich manipulativem Charakter ist. So werden wichtige Vorhaben des Marketings umgesetzt:

- Bildung von Reputationskapital
- Aufbau / Pflege der Stakeholder Beziehungen
- Aufbau / Pflege der Kundenbeziehungen

Im Gegensatz zum traditionellen Marketing, das auf einzelne Transaktionen konzentriert war, geht es bei Dienstleistungsunternehmen also darum, dass der Kunde die Dienstleistung wiederholt nachfragt. Aus diesem Grund ist Relationship Marketing nicht als eine Neudefinition des Marketinggedankens, sondern vielmehr als eine Weiterentwicklung des traditionellen Marketings zu verstehen. Diese Fortentwicklung wird in der folgenden Tabelle verdeutlicht:

Tabelle 5: Transaktionsmarketing und Relationship Marketing

	Transaktions-marketing	**Relationship Marketing**
Betrachtungs-fristigkeit	Kurzfristigkeit	Langfristigkeit
Marketingobjekte	Produkt	Produkt und Interaktion
Denkschema	Produktlebenszyklus	Kundenlebenszyklus
Dominantes Marketingziel	Kundenakquisition	Kundenakquisition, Kundenbindung, Kundenrückgewinnung
Marketingfokus	Leistungsdarstellung	Leistung und Dialog

Ökonomische Erfolgs- und Steuergrössen	Gewinn, Deckungsspanne, Umsatz, Kosten	Zusätzlich: Kundendeckungsbeitrag, Kundenwert, Customer Lifetime Value

Quelle: Eigene Darstellung

10.1.3 Definition einer Nische

Diese Arbeit an unserem Fallbeispiel aus der Fitnessbranche hat gezeigt, dass die Findung einer Strategie nicht allein auf das Unternehmen als Ganzes beschränkt ist, sondern dass gegebenenfalls einzelne Filialen des Unternehmens eine eigenständige Nische besetzen müssen.

Die zweite Umfrage und die Erkenntnisse über Wertketten nach der Idee von Porter haben die vorab getroffenen Annahmen bestätigt:

- Es ist nötig, unterschiedliche Nischen zu definieren.

Es wurde gezeigt, dass diese Methode, einen Wettbewerbsvorteil zu finden, sich nicht nur auf das ganze Unternehmen erstreckt, sondern auch auf die einzelnen Studios, die in Gegenden mit unterschiedlicher demografischer Struktur liegen.

- Das Angebot muss demographischen Gegebenheiten angepasst werden.

Diese Konsequenz hat sich deutlich gezeigt, da es verschiedene Haltungen zu Neuerungen gibt, die Apps und das Internet nutzen.

- Die Studios müssen Trainingsangebote machen, welche die Bedürfnisse der jeweiligen Klientel berücksichtigen.

Auch diese Annahme wurde bestätigt, da der Wunsch nach individueller Trainingsplanung sehr ausgeprägt ist. Ein einheitliches Programm für alle wäre hier kontraproduktiv.

Es gibt offensichtlich eine klare Ähnlichkeit zwischen den allgemeinen Werten, die aus Branchenreporten und der Literatur aufgezeichnet wurden, und den Durchschnittswerten, die sich bei der Kundenbefragung für alle Befragten bei unserem Unternehmen aus dem Fallbeispiel ergeben haben. Die Werte für die einzelnen Studios sind hingegen grob unterschiedlich. Dies weist auf die Notwendigkeit hin, verschiedene Nischen zu definieren. Die Frage stellt sich jedoch, ob die Bevölkerung an den verschiedenen Standorten wirklich so unterschiedlich zusammengesetzt ist.

Dabei ist ein Abgleich mit den demographischen Daten, die sich aus den interaktiven Tabellen (STAT-TAB) des Bundesamts für Statistik (BFS) ergeben, sehr aufschlussreich.

Hier sind die Unterschiede längst nicht so frappierend, auch wenn Tendenzen bestätigt werden. Die Standorte in der Agglomeration haben tatsächlich einen höheren Anteil an älteren Mitbürgern, während die Städte viele Menschen in der Altersgruppe 20 bis 29 Jahre aufzuweisen.

Der Vergleich zeigt also, dass die in dieser Arbeit gemachten Grundannahmen stimmen. Für eine tiefergehende Bestimmung der potentiellen Kundschaft an einem Standort gilt es jedoch herauszufinden, ob die Studios so gelegen sind, dass sie für eine bestimmte Alters- oder Zielgruppe besonders attraktiv sind, weil bestimmte Wege daran vorbeiführen, oder weil Institutionen, Firmen oder Lehranstalten in der Nähe liegen. Mit diesem Wissen lässt sich dann auch gezielter Werbung betreiben, indem für diese Institutionen und Firmen massgeschneiderte Angebote gemacht werden können.

In jedem Fall muss beachtet werden, dass eine Nische so definiert wird, dass sie das tatsächliche Publikum anspricht. Zudem müssen die wertschöpfenden Aktivitäten des Unternehmens so ausgerichtet sein, dass sie für dieses bestimmte Publikum einen Mehrwert darstellen.

10.1.4 Implementierung

Die Implementierung der Verfahren und Werkzeuge, die zur Umsetzung der Strategie notwendig sind, kann umfangreich und aufwändig sein.

Nach der Festlegung, mit welcher Strategie ein generischer Wettbewerbsvorteil errungen werden soll, und nach Definition der zu besetzenden Nische, geht es darum, die potentielle Zielgruppe auf sich aufmerksam zu machen oder an sich zu binden, wenn sie durch das Unternehmen bereits angesprochen wird.

Die Zielgruppe des Unternehmens aus unserem Fallbeispiel umfasst ganz allgemein ältere und alte Menschen, die daran interessiert sind, etwas für ihre Gesundheit zu tun. Dies bedeutet, dass die Geräte in den Studios im Zweifelsfall angepasst werden müssen. Diejenigen Geräte, die dem reinen Krafttraining dienen, sind bei der Zielgruppe weniger nachgefragt. Kompliziert zu bedienende oder mit elektronischer Unterstützung arbeitende Geräte sind ebenfalls nicht beliebt. Hier muss mit Augenmass ausgetauscht oder angepasst werden.

Die Trainer müssen Übungen und Programme erarbeiten, damit die älteren und alten Menschen an den Geräten entsprechend arbeiten können. Kursprogramme sind dahingehend zu entwerfen, dass sie der motorischen und körperlichen Leistungsfähigkeit der Zielgruppe angepasst sind.

Es ist wichtig, dass die älteren und alten Menschen feststellen, dass sie etwas für ihre Gesundheit tun können, ohne jedoch als hinfällig oder gebrechlich behandelt zu werden. Regelmässig angebotenen Seminare zur Gesundheitsvorsorge können den Charakter des Studios entsprechend unterstreichen. Neben der Bereitstellung der entsprechenden Mittel ist es daher auch notwendig, das Personal für die Durchführung dieser Art von Training zu schulen.

Während somit die Dienstleistung an sich zielgruppengerecht umgesetzt ist, müssen weitere Verfahren eingerichtet werden, um die Kunden, die ein Studio wegen eines passenden Angebots besuchen, dauerhaft an das Studio zu binden.

Jeder Dienstleister muss deswegen darauf achten, zum Kunden einen Kontakt herzustellen, der dem Kunden signalisiert, dass sein Anliegen ernst genommen wird und dass er dem Unternehmen vertrauen kann. Dazu bedarf es einer regelmässigen, offenen und der Zielgruppe gerichteten Kommunikation. Wie bereits oben ausgeführt kann durch einen inhaltsstarken Newsletter das Vertrauen ebenso aufgebaut werden, wie durch die offene Kommunikation über Stärken und Schwächen sowohl des Studios, als auch des Kunden. Die dazugehörigen Stichpunkte des Kundenbindungs- und Rückgewinnungs-managements belegen, dass Unzufriedenheit jederzeit vorkommen kann, aber dann nicht schädlich ist, wenn sie angesprochen und im gegenseitigen Einvernehmen geklärt wird. Zusätzliche Vergünstigungen wie gratis zubereitete Smoothies tun ihr Übriges, um die Loyalität des Kunden zu stärken.

Auch in dieser Hinsicht ist es besonders wichtig, dass das gesamte Personal die Philosophie teilt, den Kunden als wichtigste Vermögensanlage des Unternehmens zu sehen und entsprechend zu behandeln. Eine gleichgültige Servicekraft oder eine freche Antwort genügen oft, um aus einem bisher regelmässig erscheinenden Kunden einen Kunden zu machen, der auf dem Weg zur Kündigung ist.

Die Frage, wie mit dem Kunden in Verbindung getreten werden soll, lässt sich aufgrund der Angaben der Universität Zürich klar beantworten. Das World Internet Project – Switzerland 2017 um Michael Latzer stellt in seinem Bericht fest: «Das Internet ist eine mediale Vielzweckinfrastruktur: Schweizer verwenden eine breite Palette an Internetanwendungen zur Orientierung und Unterhaltung. […] Anwendungen wie E-Mail (96%) und Suchmaschinen (97%) sind unter Internetnutzern am stärksten verbreitet. […] Auch die Suche nach Reise- (80%) und Gesundheitsinformationen (73%) ist weit verbreitet. […] Neben E-Mail (96%)

erfolgt Interaktion und Kommunikation vor allem über Instant Messaging-Dienste wie WhatsApp (83%) […]. Auch Social-Media-Anwendungen (62%) sind in der Schweiz stark verbreitet. […] Private Online-Netzwerke wie Facebook werden von 62% der Schweizer Internetnutzer verwendet. Über zwei Drittel davon loggen sich dabei täglich ein (67%). Die Verbreitung sozialer Netzwerke sinkt mit dem Alter: Während alle (100%) 14- bis 19-Jährigen in der Schweiz diese verwenden, loggt sich knapp ein Drittel (32%) der über 70-jährigen Schweizer Internetnutzer in soziale Online-Netzwerke ein.». Somit verwendet fast jeder Schweizer das Internet, sodass eine E-Mail Newsletter mit Sicherheit alle möglichen Interessenten erreichen wird. Daher werden auch alle Interessierten eine E-Mail-Adresse haben, die sie für solche Zwecke angeben können. Aktuelle Nachrichten und Aktionen lassen sich auch über eine WhatsApp-Gruppe verbreiten. Alle, die daran interessiert sind, sollten also die Möglichkeit haben, ihre Telefonnummer zu hinterlegen, damit sie in die Gruppe eingeladen werden können. Facebook wird oft noch als unerlässlich angesehen, und immerhin zwei Drittel aller Schweizer benutzen den Dienst. Daher sollte auch hier eine Möglichkeit angeboten werden, um mit den Kunden in Kontakt zu treten.

Von der Logistik her ist es daher auch zwingend nötig, so viele Kontaktdaten der Mitglieder zu sammeln, wie es geht. Eine umfangreiche und aktuelle Liste der entsprechenden E-Mail-Adressen ist dafür eine unabdingbare Voraussetzung. Durch Umfragen, Verlosungen und andere Aktionen in den Räumen des Studios, bei denen die Kunden nur dann mitmachen können, wenn sie auf irgendeine Art ihre E-Mail-Adresse hinterlassen, sind gut geeignet, Kontaktdaten für die schon vorhandenen Kunden herauszufinden. Neukunden sollten schon bei Vertragsunterzeichnung ihre E-Mail-Adresse angegeben haben, ebenso wie ihr Einverständnis erklärt haben, dass das Unternehmen diese für unternehmensinterne Zwecke nutzt.

10.1.5 Controlling

Das Controlling erfolgt anhand der allgemeinen Kennzahlen. Deren Veränderung muss mittelfristig verfolgt werden und kann nicht schon nach wenigen Tagen Ergebnisse zeigen. Die wichtigsten Orientierungswerte sind:

Wirksamkeit des Kundenbindungsmanagements: Sie ergibt sich aus den Abwanderungszahlen und der Rückgewinnungsquote.

Wertkette von Porter: Sie liefert das Mass, ob die jeweiligen Anteile des Budgets, die für eine wertschöpfende Aktivität vorgesehen sind, angemessen sind.

Mitgliederzahlen: Zu- oder Abnahmen bei den Zahlen der Mitglieder der verschiedenen Altersklassen zeigen, ob die gewünschte Ausrichtung auf eine Zielgruppe greift.

Umsatz und der Gewinn: Diese Werte sind abschliessend die Kennzahlen, die sich positiv verändern müssen, um den Erfolg der neuen Strategie zu bestimmen.

11 Schlussbetrachtung

11.1 Fazit

Diese Anleitung für die strategische Positionierung von Dienstleistungsunternehmen, in unserem Fallbeispiel im Bereich Premium-Fitnessstudios hat gezeigt, dass die Wahl der Strategie für ein Fitnessstudio von grundlegender Bedeutung ist. Im Zeitalter steigenden Konkurrenzkampfes ist es für die Betreiber einzelner Fitnessstudios im Wettbewerb mit Ketten und Discountern notwendig, ein Alleinstellungsmerkmal zu finden, durch das die Studios im ausreichenden Mass loyale Kunden an sich binden, um nachhaltig wirtschaften zu können.

Die Entscheidung, die dabei zuerst ansteht, ist die schwierigste und umfassendste. Diese Entscheidung besagt im Grunde genommen, ob das eigene Studio und dessen Geräte in den Mittelpunkt der Geschäftstätigkeit stellt, oder die Menschen, die als Kunden zu einem kommen, weil sie um ihre körperliche Fitness besorgt sind. Der Ansatz, darauf zu setzen, den Kunden lediglich die Geräte im Studio per Mietvertrag zur Benutzung zu überlassen, ohne die Kunden zu beraten und zu betreuen, kann lukrativ sein und ist skalierbar. Ob er nachhaltig ist, scheint fraglich. Die Kunden, die nur die Geräte benutzen, haben keinerlei Grund, das Angebot des Vermieters mit Loyalität zu vergelten. Kundenabwanderung wird auf diese Weise nicht verhindert, und es entstehen grosse Kosten durch die Notwendigkeit, neue Kunden zu gewinnen.

Die Entscheidung für ein auf den Kunden massgerecht zugeschnittenes Angebot ist aus verschiedenen Gründen nachhaltiger. Liegt der Fokus, wie an unserem Unternehmen aus dem Fallbeispiel empfohlen, bei älteren und alten Kunden, kann von einer wachsenden Kundengruppe ausgegangen werden. Da gerade im Alter die Erhaltung der Gesundheit für viele Menschen Vorrang hat, ist die Zielgruppe entsprechend bereit, für effektives und kompetentes Training Geld auszugeben. Gerade mit dem Argument, dass Qualität nicht billig sein kann, können hier Preise verlangt werden, die eine angemessene Marge zulassen.

Die Kundenbefragung aus unserem Fallbeispiel hat gezeigt, dass diese Zielgruppe besonders kompetente und freundliche Mitarbeiter zu schätzen weiss, für komplizierte Geräte aber nicht empfänglich ist. Das bedeutet, dass kein gerätefixiertes Training erforderlich ist, sondern ein in Zusammenarbeit mit den Trainern aufgestelltes individuelles Trainingsprogramm von grösserer Bedeutung ist. Daher sollte das Fitnessstudio in der Lage sein, diesen Kunden ein nachhaltiges, für sie einen Mehrwert darstellendes Gesundheitsprogramm zu bieten. In Kombination mit einem ausführlichen Kundenbindungsmanagement und einem effektiven Kundenrückgewinnungs-management kann die Notwendigkeit, stets neue Kunden zu akquirieren, deutlich gesenkt werden.

Diese an einem Fitnessstudio illustrierten Überlegungen stehen stellvertretend für die meisten Dienstleistungsunternehmen. Sie müssen überlegen, ob ihnen eine simple Leistung des gewünschten Dienstes ausreicht, oder ob sie diesen Dienst so verrichten wollen, dass die Kundschaft bei erneutem Bedarf zu ihrem Unternehmen zurückkehrt. Alle Unternehmen haben die gleiche Aufgabe, dass sie genau untersuchen müssen, wer ihre Kundschaft ist bzw. sein soll und welche Ansprüche die Kundschaft an die geforderte Dienstleistung hat.

Literaturverzeichnis

Al Pop, N., & Iorga, A. M. (2012). A New Challenge for Contemporary Marketing: Neuromarketing. Management & Marketing, 7(4), 631-644.

Ashelm, M. (2017). Mehr als 10 Millionen Deutsche in Fitnessstudios. http://www.faz.net/aktuell/wirtschaft/unternehmen/fitnessstudios-verzeichnen-starkes-mitgliederwachstum-14959104.html (Vgl. Stand 19.12.2017)

Baumgartner, T., Esslen, M., & Jäncke, L. (2006). From Emotion Perception to Emotion Experience: Emotions evoked by pictures and classical music. International Journal of Psychophysiology, 60(1), 34-43.

Becker, J. (2009): Das Kundenbeziehungsrisiko aus Unternehmenssicht. Wiesbaden.

Bendapudi, N., & Leone, R. P. (2003). Psychological implications of customer participation in co-production. Journal of Marketing, 67(1), 14-28.

Berekoven, L., Eckert, W., & Ellenrieder, P. (2004). Marktforschung: methodische Grundlagen und praktische Anwendung (10. Auflage). Wiesbaden: Springer-Verlag

Bijmolt, T. H., Heerde, H. J. V., & Pieters, R. G. (2005). New empirical generalizations on the determinants of price elasticity. Journal of Marketing Research, 42(2), 141-156.

Bizer, G. Y., & Schindler, R. M. (2005). Direct evidence of ending-digit drop-off in price information processing. Psychology & Marketing, 22(10), 771-783.

Bredenkamp, Andreas (2019) «Können Einzelstudios zukünftig überleben» (2018) und «Die Zukunft der Einzelstudios» (2019). In: Die Zukunft der Einzelstudios. Sonderdruck der Fitness Tribune Nr. 179. Online. <https://www.fitnesstribune.com/wp-content/uploads/2019/03/sonderduck_179_web.pdf> Aufgerufen am 04. April 2019.

Bridoux, F., & Stoelhorst, J. W. (2016). Stakeholder relationships and social welfare : A behavioral theory of contributions to joint value creation. Academy of Management Review, 41(2), 229-251.

Bruhn, M. (2016a): Relationship Marketing - Das Management von Kundenbeziehungen, 5. überarb. Auflage, München.

Chan, K. W., Yim, C. K., & Lam, S. S. (2010). Is customer participation in value creation a double-edged sword? Evidence from professional financial services across cultures. Journal of marketing, 74(3), 1-42.

Dambeck, Holger (2008). Durchleuchtet. Mediziner will Geheimnis der Stradivari-Geigen gelüftet haben. In: Der Spiegel, 02. Juli 2008. Online. <http://www.spiegel.de/impressum/a-941280.html>

Dapkevicius, A., & Melnikas, B. (2009). Influence of price and quality to customer satisfaction: Neuromarketing approach. Mokslas: Lietuvos Ateitis, 1(3), 17-20.

Deeg et al. (2015). Senken Sie Ihre Fluktuationsrate!, https://www.hs-heilbronn.de/9625967/deeg-et-al-2015-_fluktuationsrate.pdf

DeLoitte (2018). Europäischer Gesundheits - und Fitnessmarkt | Bericht 2018, https://www2.deloitte.com/content/dam/Deloitte/de/Documents/consumer-business/European%20Health%20and%20Fitness%20Report_2018_extract.pdf

Dreyer, D., & Oehler, A. (2002). Werttreiber im Dienstleistungsprozess: Eine Analyse anhand der Wertkette nach Porter (Vgl. No. 21). Bank-und Finanzwirtschaftliche Forschung: Diskussionsbeiträge des Lehrstuhls für Betriebswirtschaftslehre, insbesondere Finanzwirtschaft, Universität Bamberg.

DssV (2017). Fitness in Europa. https://www.dssv.de/statistik/fitness-in-europa/#&gid=lightbox-group-1764&pid=3 (Vgl. Stand 09.12.2017)

Ennew, C. T., & Binks, M. R. (1999). Impact of participative service relationships on quality, satisfaction and retention: an exploratory study. Journal of business research, 46(2), 121-132.

Esch, F.-R., Herrmann, A., Sattler, H. (2011). Marketing: Eine managementorientierte Einführung, 3., grundl. überarb. Aufl., München: Vahlen

Esch, F. R., Herrmann, A., Sattler, H. (2013). Marketing (4. Auflage). München: Verlag Franz Vahlen

Felix, R., Rauschnabel, P. A., & Hinsch, C. (2017). Elements of strategic social media marketing: A holistic framework. Journal of Business Research, 70, 118-126.

Formedo (2018a) Pressemitteilung: Warum hat dieser Kunde nach dem Probetraining kein Fitness Abo abgeschlossen? Online. <https://www.openpr.de/news/1015140/Warum-hat-dieser-Kunde-nach-dem-Probetraining-kein-Fitness-Abo-abgeschlossen.html>

Formedo (2018b) Pressemitteilung: Fitnessstudio: Neueinstellung eines Group Fitness Trainer. Online. <https://www.connektar.de/wirtschaft-finanzen/fitnessstudio-neueinstellung-eines-group-fitness-trainer-71053>

Formedo (2018c) Pressemitteilung: Ein erfolgreiches Fitnessstudio investiert mehr in Qualität. Online. <https://www.openpr.de/news/988745/Ein-erfolgreiches-Fitnessstudio-investiert-mehr-in-Qualitaet.html>

Frommeyer, Lena (2018) Das Oh-no-Bike. Online. <https://www.spiegel.de/auto/fahrkultur/obike-im-test-eine-tour-durch-hamburg-a-1240434.html> aufgerufen am 27. Februar 2019.

Fuchs, W. (2012). Storytelling: Wie hirngerechte Marketing-Geschichten aussehen. Neuromarketing–Erkenntnisse der Hirnforschung für Markenführung, Werbung und Verkauf, 2, 137-146.

Georgi, D., Mink, M. (2011): Konzeption von Kundenbeziehungsstrategien. In: Hippner, H. et al. (Hrsg.): Grundlagen des CRM, 3. Auflage, S. 57-89. Wiesbaden.

Gouthier, M. H. J. (2007). Mitarbeiterstolz und Service Excellence. In Service Excellence als Impulsgeber (pp. 383-397). Gabler.

Hain, C., Lehmann-Waffenschmidt, M., & Kenning, P. (2007). Neuroökonomie und Neuromarketing: Neurale Korrelate strategischer Entscheidungen (Vgl. No. 04/07). Dresden discussion paper in economics.
Zurawicki, L. (2010). Consumption as feelings. In Neuromarketing (Vgl. pp. 55-103). Springer, Berlin, Heidelberg

Health and Beauty Marketing Swiss GmbH (2015). Branchenreport 2015. http://www.bodylifeswiss.ch/zeitschriften/archiv/2015/06-2015/branchenreport.html (Vgl. Stand 09.12.2017)

Hillis, J. M., Ernst, M. O., Banks, M. S., & Landy, M. S. (2002). Combining sensory information : mandatory fusion within, but not between, senses. Science, 298(5598), 1627-1630.

Hoffmann, S., & Akbar, P. (2016). Konsumentenverhalten: Konsumenten verstehen–Marketingmassnahmen gestalten. Wiesbaden: Springer-Verlag.

Jaritz, S. (2008): Kundenbindung und Involvement: eine empirische Analyse unter besonderer Berücksichtigung von low involvement. Wiesbaden.

Johnstone, T., Van Reekum, C. M., Oakes, T. R., & Davidson, R. J. (2006). The voice of emotion: an FMRI study of neural responses to angry and happy vocal expressions. Social Cognitive and Affective Neuroscience, 1(3), 242-249.

Kenning, P. (2014). Consumer Neuroscience: Ein transdisziplinäres Lehrbuch. Kohlhammer Verlag.

Knutson, B., Rick, S., Wimmer, G. E., Prelec, D., & Loewenstein, G. (2007). Neural predictors of purchases. Neuron, 53(1), 147-156.

Kuckartz, U. (2012). Mixed Methods: Methodologie, Forschungsdesigns und Analyseverfahren. Wiesbaden: VS Verlag.

Latzer, M., Büchi, M., & Just, N. (2017). Internetverbreitung und digitale Bruchlinien in der Schweiz 2015. Themenbericht aus dem World Internet Project–Switzerland.

Lauterborn, B., (1990). New Marketing Litany: Four Ps Passe: C-words Take Over. Advertising Age, 61 (41), S. 26.

Lee, N., Broderick, A. J., & Chamberlain, L. (2007). What is 'neuromarketing'? A discussion and agenda for future research. International journal of psychophysiology, 63(2), 199-204.

Liang, C. J., Chen, H. J., Wang, W. H. (2008): Does online relationship marketing enhance customer retention and cross-buying?. The service industries journal, 28(6), S. 769-787.

Lütje, S. (2009): Kundenbeziehungsfähigkeit: Konzeptionalisierung und Erfolgswirkung, Wiesbaden.

Malik, F. (2000). Strategie des Managements komplexer Systeme: ein Beitrag zur Management-Kybernetik evolutionärer Systeme. 5. Auflage. Bern: Haupt-Verlag

Malik, F. (2006). Strategie des Managements komplexer Systeme. 9. Auflage, Bern, Stuttgart, Wien: Haupt-Verlag

Meffert, Heribert, Bruhn, Manfred & Hadwich, Karsten (2018). Dienstleistungsmarketing: Grundlagen - -Konzepte - Methoden, 9. Auflage, Wiesbaden: Gabler.

Michalski, Silke (2002) Kundenabwanderungs- und Kundenrückgewinnungsprozesse.Eine theoretische und empirische Untersuchung am Beispiel von Banken. Wiesbaden: Gabler

Morin, C. (2011). Neuromarketing: the new science of consumer behavior. Society, 48(2), 131-135.

Nufer, Gerd & Wallmeier Miriam (2010). Neuromarketing, Reutlingen: Reutlinger Diskussionsbeiträge zu Marketing & Management

Only Fitness (2018). Jetzt Mitglied werden, https://www.onlyfitness.ch/de-CH/Preise, aufgerufen am 09.12.2018

Opresnik, M. O., & Rennhak, C. (2016). Marketing. Grundlagen. Heidelberg: Springer Science & Business Media

Peck, J., & Shu, S. B. (2009). The effect of mere touch on perceived ownership. Journal of consumer Research, 36(3), 434-447.

Peirce, Charles Sanders (1905) What pragmatism is. in: The Monist 15:2, 161-181

Pestke, K. (2016). 11 Pricing in der Neurowissenschaft–Welchen Einfluss hat der Preis auf unsere Kaufentscheidung?. in: Briesemeister, B. (Vgl. Hrsg.). Die Neuro-Perspektive: Neurowissenschaftliche Antworten auf die wichtigsten Marketingfragen, 141-151.

Petitjean, O. (2018). Schweizer Fitnessmarkt wächst weiter stark und steht in einem erbitterten Wettbewerb, https://www.luzernerzeitung.ch/wirtschaft/schweizer-fitnessmarkt-waechst-weiter-stark-und-steht-in-einem-erbitterten-wettbewerb-ld.1044202 , aufgerufen am 09.12.2018

Plailly, J., Tillmann, B., & Royet, J. P. (2007). The feeling of familiarity of music and odors: the same neural signature?. Cerebral cortex, 17(11), 2650-2658.

Plassmann, H., O'Doherty, J., Shiv, B., & Rangel, A. (2008). Marketing actions can modulate neural representations of experienced pleasantness. Proceedings of the National Academy of Sciences, 105(3), 1050-1054.

Porter, M. (1999). Wettbewerb und Strategie. München: Econ

Porter, M. E. (1992) Wettbewerbsvorteile (Vgl. Competitive Advantage) – Spitzenleistungen erreichen und behaupten, 3. Auflage. Frankfurt am Main: Campus Verlag

Porter, Michael E. (1986,1999). Wettbewerbsvorteile. Campus Verlag.

Reichenauer, J. (2015). Neuromarketing im Sport: Markenidentität-Markenpositionierung-Markenimage. Diplomica Verlag.

Robier, J. (2016). Das einfache und emotionale Kauferlebnis. Wiesbaden: Springer Gabler.

Saunders, M., Lewis, P. & Thornhill, A. (2008). Research Methods for Business Students. 5. Auflage, London: Pearson

Scheier, C., & Held, D. (2012a). Wie Werbung wirkt: Erkenntnisse aus dem Neuromarketing, 2. Auflage. Freiburg: Haufe-Lexware.

Scheier, C., & Held, D. (2012b). Die Neuro-Logik erfolgreicher Markenkommunikation, in: Häusel, H.-G. (Vgl. Ed.). Neuromarketing Erkenntnisse der Hirnforschung für Markenführung, Werbung und Verkauf (2nd ed.). Freiburg: Haufe-Lexware.

Schöler, Andreas (2002): IT- Unterstützung von Service Prozessen. Wiesbaden:Gabler

Shiv, B., Carmon, Z., & Ariely, D. (2005). Placebo effects of marketing actions: Consumers may get what they pay for. Journal of marketing Research, 42(4), 383-393.

Silva, Antonio (2017) Steigern Sie Ihr Umsatzpotenzial. In: Fitnessmanagement International 3/2017, o.S.

Silva, Antonio (2017). Fitnessstudio Positionierung: Lifestyle oder Gesundheit? https://www.connektar.de/wirtschaft-finanzen/fitnessstudio-positionierung-lifestyle-oder-gesundheit-60239,

Stadt Bern, (2016), Statistik Stadt Bern - Die Wohnbevlkerung der Stadt Bern 2015

Stahl, H. K. (1998). Zum Aufbau und Erhalt von Reputationskapital in Stakeholder-Beziehungen. Perspektiven im Strategischen Management. Festschrift anlässlich des 60, 351-368.

Statista (2017a). Fitness. https://de.statista.com/outlook/313/155 /fitness/schweiz# (Vgl. Stand 09.12.2017)

Statista (2017b). Anteil der Mitglieder privater Fitnesscenter in der Schweiz nach Geschlecht, Alter und Sprachregion im Jahr 2014. https://de.statista.com/statistik/daten/studie/306714/umfrage/schweiz-fitnesscenter-mitglieder/ (Vgl. Stand 09.12.2017)

Stauss, B., Friege, C. (1999): Regaining service customers: costs and benefits of regain management. Journal of Service Research, 1(4), S. 347-361.

Steinle, C. (2005). Ganzheitliches Management. 1. Auflage, Wiesbaden: Springer Gabler

Steinmann, H., Schreyögg, G. & Koch, J. (2013). Management. 7. Auflage, Wiesbaden: Springer Gabler

Tashakkori, A., & Teddlie, C. (Vgl. Eds.). (2010). Sage handbook of mixed methods in social & behavioral research. Sage.

Teddlie, C., & Tashakkori, A. (2003). Major issues and controveries inthe use of mixed methods in the social and behvioral sciences. In: Handbook of mixed methods in social & behavioral research, 3-50.

Tempomacher Consulting UG (2015). Die Bedeutung der Kundenbindung in der Fitnessbranche, http://www.tempomacher-consulting.de/die-bedeutung-der-kundenbindung-in-der-fitnessbranche, aufgerufen am 30.08.2018

Würtenberger, A., Würtenberger, R. & Steiner, R. (2015). Der umfassende Branchenreport 2015, Bern: Schweizerischer Fitness- und Gesundheitscenter Verband

Anhang

- Muster Mitarbeiterbefragung

- Muster Kundenbefragung

FRAGEBOGEN FÜR UNSER TEAM

Seite 1

Bitte helfen Sie uns, die Qualität und den Service unseres Unternehmens zu verbessern. Es würde uns sehr freuen, wenn Sie die Fragen dieses Fragebogens kurz beantworten. Das kostet nicht viel Zeit und ist vollständig anonym. Bitte lesen Sie sich die Fragen jeweils gut durch und kreuzen dann die für Sie passende Antwort an. Vielen Dank.

Seite 2

Bitte geben Sie Ihr Geschlecht an. *

Bitte wählen...

Bitte geben Sie Ihr Alter an. *

Bitte wählen...

Bitte geben Sie an, welchen Schulabschluss Sie haben. *

Bitte wählen...

QUALIFIKATION

Welche zusätzlichen Qualifikationen haben Sie?

Werden Sie ermutigt, sich zu verbessern?

- ◯ ja
- ◯ nein

Welche Fortbildungen haben Sie mitgemacht?

Wie könnten Sie Ihre eigene Qualifikation verbessern?

PERSÖNLICHKEIT

Welche Eigenschaften braucht ein Trainer/eine Trainerin?

Was macht Sie zu einem guten Trainer/einer guten Trainerin?

	trifft nicht zu					trifft völlig zu
umgänglich	○	○	○	○	○	○
freundlich	○	○	○	○	○	○
diszipliniert	○	○	○	○	○	○
engagiert	○	○	○	○	○	○
hilfsbereit	○	○	○	○	○	○
kundenorientiert	○	○	○	○	○	○
dynamisch	○	○	○	○	○	○
motiviert	○	○	○	○	○	○
motivierend	○	○	○	○	○	○
organisiert	○	○	○	○	○	○
fröhlich	○	○	○	○	○	○
kompetent	○	○	○	○	○	○

UMGANG MIT KUNDEN

Welche Ziele haben Ihre Kunden?

	trifft nicht zu					trifft völlig zu
Gesundheit fördern	○	○	○	○	○	○
Abnehmen	○	○	○	○	○	○
Spass haben	○	○	○	○	○	○
Fitness steigern	○	○	○	○	○	○
Körperkultur pflegen	○	○	○	○	○	○
Kondition verbessern	○	○	○	○	○	○
Stressbewältigung	○	○	○	○	○	○
Ärztlichem Rat folgen	○	○	○	○	○	○

Wie benehmen Sie sich im Umgang mit Kunden?

	trifft nicht zu					trifft völlig zu
freundlich	◯	◯	◯	◯	◯	◯
höflich	◯	◯	◯	◯	◯	◯
professionell	◯	◯	◯	◯	◯	◯
kameradschaftlich	◯	◯	◯	◯	◯	◯
sachlich	◯	◯	◯	◯	◯	◯
proaktiv	◯	◯	◯	◯	◯	◯
zurückhaltend	◯	◯	◯	◯	◯	◯

In welchem Bereich gibt es Probleme mit Kunden?

	trifft nicht zu					trifft völlig zu
Persönliche Distanz	◯	◯	◯	◯	◯	◯
Zuverlässigkeit	◯	◯	◯	◯	◯	◯
Engagement	◯	◯	◯	◯	◯	◯
Disziplin	◯	◯	◯	◯	◯	◯
Wertschätzung	◯	◯	◯	◯	◯	◯
Anderes: ____	◯	◯	◯	◯	◯	◯

Wie kann man die Loyalität der Kunden erreichen und fördern?

____

FÜHRUNG

Bitte beantworten Sie die folgenden Fragen:

	trifft nicht zu					trifft völlig zu
Brauchen Sie konkrete Vorgaben?	○	○	○	○	○	○
Kriegen Sie diese Art Vorgaben?	○	○	○	○	○	○
Sind die Vorgaben Ihres Arbeitgebers eindeutig?	○	○	○	○	○	○
Sind diese Vorgaben nützlich?	○	○	○	○	○	○
Wie ansprechbar sind Ihre Vorgesetzten?	○	○	○	○	○	○

Wie engagieren Sie sich persönlich für ihre Arbeit und den Kunden?

Wie wichtig ist Ihnen ...

	trifft nicht zu					trifft völlig zu
... eigenes Engagement?	○	○	○	○	○	○
... Selbständigkeit bei der Arbeit?	○	○	○	○	○	○
... die Umsetzung eigener Ideen?	○	○	○	○	○	○
... Mitwirken bei der Ausstattung des Studios?	○	○	○	○	○	○
... Mitwirken bei der Gestaltung des Studios?	○	○	○	○	○	○

Die Umfrage ist beendet. Vielen Dank für die Teilnahme.

Das Fenster kann nun geschlossen werden.

FRAGEBOGEN FÜR UNSERE KUNDEN

Seite 1

Bitte helfen Sie uns, die Qualität und den Service Ihres Fitnessstudios zu verbessern. Wie freuen uns sehr, wenn Sie die Fragen dieses Fragebogens kurz beantworten. Das kostet nicht viel Zeit und ist vollständig anonym. Bitte lesen Sie sich die Aufgaben jeweils gut durch und markieren Sie dann die für Sie passende Antwort. Vielen Dank!

Geschlecht *

Bitte wählen Sie:

Alter *

Bitte wählen Sie:

Schulbildung *

Bitte wählen Sie:

STUDIO

um suchen Sie ein Fitness-Studio auf?

	Trifft nicht zu					Trifft voll zu
ndheit fördern	○	○	○	○	○	○
hmen	○	○	○	○	○	○
s	○	○	○	○	○	○
ss steigern	○	○	○	○	○	○
rkultur	○	○	○	○	○	○
tion	○	○	○	○	○	○
bewältigung	○	○	○	○	○	○
cher Rat	○	○	○	○	○	○

elchem Studio trainieren Sie?

wählen...

motiviert Sie besonders?

	Trifft nicht zu					Trifft voll zu
ente Wellness-	○	○	○	○	○	○
bote	○	○	○	○	○	○
penkurse	○	○	○	○	○	○
le Kontakte	○	○	○	○	○	○
gement der Mitarbeiter	○	○	○	○	○	○
dschaftlicher Umgang	○	○	○	○	○	○

Was erwarten Sie von einem Fitness-Studio?

Bitte beantworten Sie die individuellen Fragen anhand der Skala.

	nicht wichtig					sehr wi
Wie wichtig ist Individualität im Fitnessstudio für Sie?	○	○	○	○	○	○
Legen Sie Wert auf einen klaren Trainingsplan?	○	○	○	○	○	○
Möchte Sie, dass ihre Leistung überwacht wird?	○	○	○	○	○	○
Brauchen Sie klare Anweisungen ihrer Trainer?	○	○	○	○	○	○
Möchten Sie gerne nach Ihrem eigenen Plan trainieren?	○	○	○	○	○	○
Brauchen Sie Motivation durch ihre Trainer?	○	○	○	○	○	○

Was ist Ihnen bei den Geräten wichtig?

Bitte beurteilen Sie die folgende Eigenschaften:

	Nicht wichtig					Sehr wicht
	○	○	○	○	○	○
neu	○	○	○	○	○	○
modern	○	○	○	○	○	○
einfach zu bedienen	○	○	○	○	○	○
sauber	○	○	○	○	○	○
klar strukturiert	○	○	○	○	○	○
leicht einstellbar	○	○	○	○	○	○
bequem	○	○	○	○	○	○
technisch Ausstattung allgemein	○	○	○	○	○	○

welche Geräte legen Sie besonderen Wert?

tragen Sie ein Gerät ein, das Sie gerne benutzen oder vermissen.

RBEITER

he Eigenschaften verlangen Sie von Mitarbeitern Ihres Fitnessstudios?

	nicht wichtig					sehr wichtig
	○	○	○	○	○	○
iziert	○	○	○	○	○	○
iert	○	○	○	○	○	○
etent	○	○	○	○	○	○
hlend	○	○	○	○	○	○
nmend	○	○	○	○	○	○
ereit	○	○	○	○	○	○
	○	○	○	○	○	○
en						

Wie bewerten Sie die Mitarbeiter und den Service in Ihrem Fitness-Studio?

	Trifft nicht zu					Trifft voll zu
aufmerksam	○	○	○	○	○	○
individuell	○	○	○	○	○	○
schnell	○	○	○	○	○	○
professionell	○	○	○	○	○	○
herzlich	○	○	○	○	○	○
sachlich	○	○	○	○	○	○
hilfsbereit	○	○	○	○	○	○
engagiert	○	○	○	○	○	○
interessiert	○	○	○	○	○	○

AMBIENTE

Wie wichtig ist Ihnen das Ambiente eines Fitness-Studios?

Bitte bewerten Sie die einzelnen Eigenschaften.

	nicht wichtig					sehr wichtig
offen	○	○	○	○	○	○
private Atmosphäre	○	○	○	○	○	○
überschaubare Bereiche	○	○	○	○	○	○
modern	○	○	○	○	○	○
sachlich	○	○	○	○	○	○
individuell	○	○	○	○	○	○
viele Geräte	○	○	○	○	○	○
aufgelockert	○	○	○	○	○	○
Erholungsinseln	○	○	○	○	○	○
Ambiente allgemein	○	○	○	○	○	○

. das erste Studio, das Sie besuchen?

ja

nein

ie vielen andere Fitness-Studios waren Sie schon Mitglied?

wählen Sie:

Sie zufrieden mit Ihrem Fitness-Studio?

ja

nein

n Sie darüber nachgedacht, das Studio zu wechseln?

ja

nein

ı ja, warum?

	Trifft nicht zu					Trifft voll zu
	○	○	○	○	○	○
›eiter	○	○	○	○	○	○
	○	○	○	○	○	○
	○	○	○	○	○	○
›sphäre	○	○	○	○	○	○
›e						
›ot an	○	○	○	○	○	○
›täten						

Was kann besser werden?

Vielen Dank für Ihre Mitarbeit! Sie haben uns sehr geholfen, unsere Leistungen noch besser zu machen.

Leere Seite

Die Umfrage ist beendet. Vielen Dank für die Teilnahme.

Das Fenster kann nun geschlossen werden.